Elisabeth Zehetner

IM NAMEN DES KLIMAS

Elisabeth Zehetner

IM NAMEN DES KLIMAS

Warum die Zukunft
mehr Vernunft braucht

Dieses Buch wurde CO₂-neutral und umweltschonend produziert.

Sämtliche Angaben in diesem Werk erfolgen trotz sorgfältiger Bearbeitung ohne Gewähr. Eine Haftung der Autorin beziehungsweise des Herausgebers und des Verlages ist ausgeschlossen.

Gendererklärung
Wir haben auf die genderneutrale Formulierung Rücksicht genommen, können allerdings mit Rücksicht auf den Lesefluss nicht immer eine neutrale Formulierung anbieten.

1. Auflage
© 2024 Elisabeth Zehetner
© 2024 ecoWing Verlag bei Benevento Publishing Salzburg – Wien, eine Marke der Red Bull Media House GmbH, Wals bei Salzburg

Medieninhaber, Verleger und Herausgeber:
Red Bull Media House GmbH
Oberst-Lepperdinger-Straße 11–15
5071 Wals bei Salzburg, Österreich

Umschlaggestaltung: b3K design, Andrea Schneider, diceindustries
Covermotiv: Jürg Christandl
Autorinnenfoto: Günther Peroutka / © oecolution austria
Layout und Satz: MEDIA DESIGN: RIZNER.AT
Gesetzt aus der Palatino, Articulat CF
Grafiken im Buch: Alice Gutlederer, design:ag, Abbildung mit freundlicher Genehmigung der genannten Quellen
Printed by Samson Druck GmbH, Österreich
ISBN: 978-3-7110-0339-3

Inhalt

Vorwort

Eine konstruktive Streitschrift

»Die Zukunft hat viele Namen: Für Schwache ist sie das Unerreichbare, für die Furchtsamen das Unbekannte, für die Mutigen die Chance.«

Victor Hugo

Nicht nur das Klima erwärmt sich. Auch die Debatte darüber hat sich in letzter Zeit aufgeheizt. Die Positionen von Klimaskeptikern oder Leugnern des Klimawandels auf der einen Seite und Klimaaktivisten auf der anderen stehen sich mittlerweile unversöhnlich gegenüber. Dabei hat sich die Debatte über den Klimawandel zwischen Ignoranz und Panikmache stark zugespitzt. Sie nimmt fanatische und manchmal auch autoritäre Züge an. Die Vernunft bleibt auf der Strecke.

Als Geschäftsführerin von oecolution austria, einer wirtschaftsnahen NGO, beschäftige ich mich mit dem Klimawandel nicht aus der Perspektive dieser polarisierten Debatte: Meine Perspektive ist die einer technologieaffinen Öko-Optimistin. Das ist mein Standpunkt. Und das ist auch die Perspektive dieses Buches.

Der Klimawandel stellt die ganze Welt vor existenzielle Herausforderungen. Um die Erderwärmung und die Schäden des Klimawandels zu begrenzen, brauchen wir weltweit neue Technologien, unternehmerische Innovationskraft und machbare Lösungen. Schon in den letzten Jahren haben wir in Europa und Österreich beim Umweltschutz durch Wissenschaft, Forschung und Technik viel erreicht. Neue Lösungen für Klimaschutz bei uns und weltweit sind gerade jetzt wichtiger denn je. Diese werden wir nur finden können, wenn wir die Wirtschaft und Industrie in Österreich stärken. Wirtschaft und Industrie sind Teil der Lösung und nicht des Problems.

Öko-Optimistin zu sein, ist für mich nicht nur eine Frage des beruflichen, sondern auch des persönlichen Zugangs. Als Kind der 1980er-Jahre bin ich mit Umweltproblemen wie dem Waldsterben und dem Ozonloch aufgewachsen. Damals war die Besorgnis in der Bevölkerung ebenfalls groß, und Alarmismus sowie apokalyptische Stimmungsmache hat es auch damals gegeben. Mittlerweile sind Fachleute der Weltwetterorganisation WMO, des UN-Umweltprogramms Unep sowie US- und EU-Regierungsbehörden zum Ergebnis gekommen, dass sich die Ozonschicht in der Atmosphäre bis 2066 vollständig regeneriert haben könnte. Dieses Beispiel zeigt: Wir stehen Umweltproblemen nicht machtlos gegenüber. Wir können sie lösen – mit vernünftigen Maßnahmen und ohne jenen »Systemwechsel«, den sich manche bei jedem größeren Problem unserer Zeit herbeisehnen.

In diesem Sinne will ich mit dem vorliegenden Thesenbuch für mehr Vernunft in der Klimadebatte und der Klimapolitik plädieren – und aufzeigen, dass eine polarisierte, extremistische Klimadebatte keine Probleme löst, sondern uns neue demokratie-, wirtschafts- und gesellschaftspolitische Probleme verursacht. Probleme, die wir gerade in Zeiten wie diesen nicht brauchen können.

Allen Leserinnen und Lesern wünsche ich eine hoffentlich inspirierende Lektüre. Ich freue mich über Ihre Rückmeldungen an *elisabeth.zehetner@oecolution.at*.

Dieses Buch widme ich meiner Tochter. Ich bin überzeugt: Sie wird eine bessere Zukunft haben, als uns von manchen vorhergesagt wird. Weil sich auch in Klimafragen Vernunft und Lösungsorientierung durchsetzen werden. Weil ich eine Öko-Optimistin bin.

These 1

Zu vernünftigem Klimaschutz gibt es keine Alternative – zu Panik sehr wohl

Die Erderwärmung ist eine wissenschaftlich belegte Tatsache. Um die Folgen des Klimawandels abzumildern, ist rasches und richtiges Handeln erforderlich. Die aktuelle Diskussion über den Klimawandel bewegt sich jedoch zwischen den Polen Ignoranz und Panikmache. Beides ist unangebracht. Wir dürfen keine Angst vor der Zukunft haben – wir müssen handlungsfähig bleiben und sie gestalten.

Die Dosis macht das Gift: Diese alte Apothekerweisheit gilt auch für Treibhausgase. Sie haben einen ganz besonderen Effekt auf unseren Planeten: Weil Treibhausgase die vom Boden abgegebene Wärmestrahlung absorbieren, erwärmt dies die Erdoberfläche zusätzlich zum direkten Sonnenlicht. Den Treibhausgasen verdanken wir, dass die mittlere Oberflächentemperatur der Erde bei +15 °C liegt. Ohne Treibhausgase wäre es im globalen Mittel −18 °C kalt. Für die Entwicklung von Leben würde dies letztlich lebensfeindliche Bedingungen bedeuten.

Unser Problem heute ist bekanntlich ein anderes: Wir emittieren viel zu viele Treibhausgase. Das relevanteste Treibhausgas ist CO_2. Es ist für rund 75 % des anthropogenen, also »menschengemachten«, Treibhauseffekts verantwortlich. Methan, Lachgas und fluorierte Treibhausgase werden nur in geringen Mengen freigesetzt. Ihr Treibhauspotenzial ist allerdings deutlich höher als das von CO_2. Darum tragen sie ebenfalls in relevantem Maße zur Erderwärmung bei.

Ein wichtiger Faktor bei Treibhausgasen ist ihre Lebensdauer. Ein Teil des CO_2 wird durch physikalische und biogeochemische Prozesse aufgelöst, während der Rest sehr lange in der Atmosphäre verbleibt.[1] Weniger CO_2 erfordert also ein Vorgehen, das der Komplexität des Themas angemessen ist.

Genauso wie der Treibhauseffekt ist die Temperaturentwicklung ein wissenschaftliches Faktum – und der menschliche Anteil daran. Die Fachleute von GeoSphere Austria (vor 2023 ZAMG) bilanzieren dazu: »Wenn man vom Klimawandel spricht, denken die meisten an die vom Menschen hauptverantwortete Zunahme der Lufttemperatur, die im globalen Maßstab seit 1900 in etwa 1 °C betrug. Es ist äußerst wahrscheinlich, dass mehr als die Hälfte dieser Erwärmung nicht auf natürliche Ursachen wie Variationen der solaren Einstrahlung, Vulkanaktivität u. a. zurückgeht, sondern in erster Linie durch die stark gestiegenen anthropogenen Emissionen von Treibhausgasen verursacht wurde.«[2]

Die Jahre 2011 bis 2020 waren laut ZAMG mit einer Abweichung von knapp +0,8 °C (im Vergleich zum Zeitraum 1961–1990) das bisher wärmste vollständige Jahrzehnt. Allein von 2001 bis 2022 erwärmte sich die bodennahe Atmosphäre um ungefähr 0,4 °C. Österreich gehört nach den ZAMG-Befunden zu den Regionen, in denen die Temperaturzunahme stärker als im weltweiten Mittel ausgefallen ist – und zwar etwa doppelt so stark, wie man anhand der Grafik *Abweichung zur mittleren Temperatur der Jahre 1961–1990* erkennen kann. Hauptursache dafür ist, dass sich die Luft über Landflächen generell rascher erwärmt als über den thermisch trägeren Ozeanen.

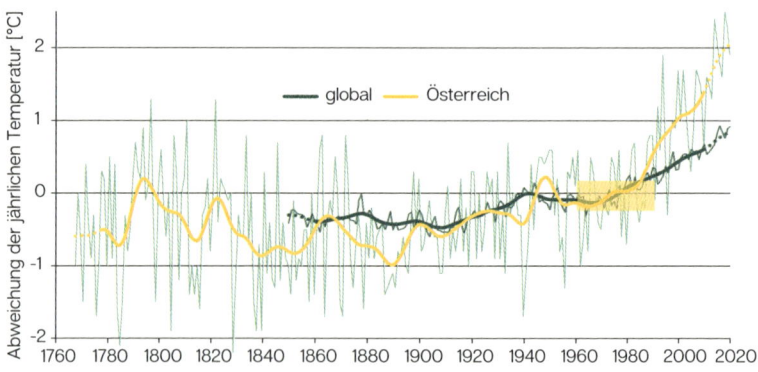

ABWEICHUNG ZUR MITTLEREN TEMPERATUR
DER JAHRE 1961–1990

Quelle: Umweltbundesamt/Klimaschutzbericht 2023 – REP-0871

Mehr CO_2 – höhere Temperatur

Das Henne-Ei-Problem bei der Erderwärmung ist aus wissenschaftlicher Sicht geklärt: Natürlich hat sich das Klima auf der Erde immer wieder verändert. Aber bei der aktuellen Erderwärmung ist nicht, wie Klimawandelskeptiker behaupten, zuerst die Temperatur und dann der CO_2-Ausstoß gestiegen – sondern umgekehrt.

Die ZAMG-Fachleute bringen die Unterschiede zwischen natürlicher und menschlich verursachter Erderwärmung so auf den Punkt:

>> Die Erwärmungsphase des frühen 20. Jahrhunderts wird in Folge der Industrialisierung als Übergang vom natürlichen Klima, in dem solare und vulkanische Einflüsse praktisch allein ausschlaggebend waren, zum menschlich beeinflussten Klima mit einsetzendem anthropogenem Treibhauseffekt gesehen. Die Abkühlung nach der Jahrhundertmitte in den Jahrzehnten des Wirtschaftswachstums ist durch den Effekt des anthropogenen Aerosolausstoßes, hauptsächlich Sulfatpartikel aus der Verbrennung von Kohle und Erdöl, verursacht, indem die Aerosole die am Erdboden eintreffende Sonnenstrahlung durch Absorption und Reflektion abmindern (sogenanntes ›global dimming‹). Als gegen Ende des 20. Jahrhunderts Maßnahmen zur Luftreinhaltung, speziell zur Reduktion des Partikelausstoßes zu greifen beginnen (sogenanntes ›global brightening‹) und sich zusätzlich der Treibhausgasausstoß aus Industrie und Verkehr deutlich verstärkt, tritt die Erde endgültig ins anthropogene Treibhauszeitalter ein.[3] <<

Dass der CO_2-Anstieg in einzelnen Phasen der Klimaentwicklung zeitverzögert zur Erderwärmung erfolgte, hat einen erklärbaren Grund: Im Übergang von einer Eis- zur Warmzeit verringerte sich die Entfernung der Erde zur Sonne. Dies führte zu einer Erwärmung der Erdoberfläche, was wiederum zu einem Entweichen von Kohlendioxid aus den Ozeanen und zu einer noch stärkeren Erwärmung führte. Genau diesen Verstärkungseffekt hat das menschliche Verbrennen fossiler Energieträger. Derzeit liegt die Kohlendioxidkonzentration in der Atmosphäre bei über 400 ppm (parts per million). Laut Weltorganisation für Meteorologie (WMO) war dieser Wert zuletzt vor etwa drei bis fünf Millionen Jahren so hoch.[4]

Fasst man die wissenschaftliche Debatte zusammen, so zeigt sich: In der Wissenschaft herrscht Konsens, dass die Erwärmung mit an Sicherheit grenzender Wahrscheinlichkeit auf menschliche Aktivitäten zurückzuführen ist.

Die Konsequenz aus diesem Befund ist klar: Zur raschen und wirksamen Reduktion der Treibhausgase und damit zum Schutz unseres Klimas kann es keine Alternative geben, selbst für den höchst unwahrscheinlichen Fall nicht, dass sich die Wissenschaft weltweit irren würde. Der deutsche Klimaforscher Mojib Latif hält dazu in einem Essay fest:»So besteht, wie bei jeder wissenschaftlichen Erkenntnis, das theoretische Restrisiko, dass sich die Klimaforschung irrt. Allerdings ist dieses Risiko im Vergleich zu den katastrophalen Folgen, die eintreten würden, wenn die Klimaforschung recht hat und wir nichts unternehmen, um den Klimawandel zu bekämpfen, verschwindend gering.«[5]

Wir müssen also die Klimarisiken sehr ernst nehmen und kluge Maßnahmen treffen. Klimapolitisches Nichthandeln ist keine Option. Vielmehr braucht es vernünftigen Klimaschutz und Strategien zur bestmöglichen Anpassung an die Klimaveränderung.

Polarisierte Positionen

Das große Problem in der bisherigen klimapolitischen Debatte besteht in den extrem polarisierten Reaktionen auf die Herausforderungen des Klimawandels.

Grob vereinfacht, stehen sich hier zwei Positionen gegenüber: Auf der einen Seite stehen die Klimaskeptiker, welche die menschliche Rolle beim Klimawandel infrage stellen oder gänzlich bestreiten. Auf der anderen Seite stehen die Klimaaktivisten, die differenzierte wissenschaftliche Befunde als Freibrief für gesellschaftspolitische Panikmache verstehen.

Beide Positionen haben trotz ihrer divergierenden Anschauungen eine große Gemeinsamkeit: Sie bewegen letztlich nichts für vernünftige und wirksame Lösungen.

- Die Klimaskeptiker stehen dem Handlungsbedarf ignorant und passiv gegenüber. Sie behaupten, dass wissenschaftliche Erkenntnisse über die Mitverantwortung des Menschen an der Erderwärmung nicht der »Wahrheit« entsprechen und daher zu ignorieren sind. Vernunft und Verantwortung für die Zukunft sind keine Kategorien ihrer Entscheidungen. Bestimmen die Klimaskeptiker die Zukunft der Politik, sehen wir einer für uns alle problematischen Entwicklung des Klimas nur zu.

- Die Klimaaktivisten laden das Thema Klimawandel moralisch auf und führen einen Schulddiskurs vor dem Hintergrund einer apokalyptischen Drohkulisse. Sie instrumentalisieren das Klimathema für ideologische Konzepte und einen »Systemwechsel«. Durch ihre radikalen Aktionen stoßen sie viele vor den Kopf und demobilisieren so die breite Bevölkerung. Verantwortungsvolle Klimaschutzmaßnahmen werden dadurch verhindert. Bestimmen sie die Zukunft der Politik, gehen wir sehenden Auges in eine Krise von Demokratie und sozialer Stabilität.

Beide Positionen sind Gift für eine vernünftige klimapolitische Debatte. Das aus der Kognitionspsychologie bekannte Phänomen des *confirmation bias* – Informationen werden nur noch so ausgewählt und interpretiert, dass die eigene Erwartung bestätigt wird – hat bei Klimaskeptikern und Klimaaktivisten offensichtlich besonders starke Auswirkungen. Die Stimmung schaukelt sich hoch, Fakten werden nicht mehr differenziert, sondern in die eine oder andere Richtung instrumentalisiert. Eine rationale und konstruktive Herangehensweise an die Thematik bleibt auf der Strecke.

Philipp Krohn resümiert in seinem Buch *Ökoliberal*: »Das Lagerdenken und Aufzeigen von Dichotomien verhindert intelligente Lösungen der Klimakrise. In einer zunehmend dramatisierenden politischen Diskurskultur treffen sie auf fruchtbaren Boden.«[6]

Die intensive Emotionalisierung der Klimadebatte ist nicht nur einseitig, sondern in vieler Hinsicht zukunftsfeindlich. Wir dürfen der Zukunft weder passiv gegenübertreten, noch dürfen wir Angst vor ihr haben – wir müssen handlungsfähig bleiben und sie gestalten. Dafür ist die Art, wie Themen kommuniziert werden, entscheidend.

Konstruktive Botschaften bewirken mehr

Ob und wie wir als Gesellschaft zu einem Thema kommunizieren, entscheidet darüber, wie wir dieses Problem angemessen anpacken können. Auch hier spricht der wissenschaftliche Konsens eine klare Sprache: Das »Framing« von Themen beeinflusst unsere Entscheidungen erheblich. Vereinfacht gesagt:

Menschen ändern ihr Verhalten eher in einem positiven Rahmen als in einem negativen. Ein wissenschaftlicher Befund, den Klimaaktivisten offenbar leugnen, da sie in erster Linie auf Panikmache und Selbstinszenierung setzen.

Greta Thunbergs Motto *I want you to panic*, das sie 2019 beim World Economic Forum der versammelten Wirtschaftselite an den Kopf schleuderte, bestimmt nach wie vor die Programmatik der Klimaaktivisten und deren Handeln. Und das ist das Problem. Denn zu vernünftigem Klimaschutz gibt es, wie die wissenschaftlichen Fakten zeigen, keine Alternative. Zu Panikmache aber schon, denn Angstpolitik ist ein populistischer Ansatz, der Lösungen letztlich entgegensteht – wie uns die Wissenschaft klar zeigt. Dies sieht auch der Präsident des UN-Weltklimarates IPCC und Energieexperte Jim Skea so: »Wenn man ständig nur die Botschaft aussendet, dass wir alle dem Untergang geweiht sind, dann lähmt das die Menschen und hält sie davon ab, die nötigen Maßnahmen zu ergreifen, um mit dem Klimawandel fertigzuwerden.«[7]

Daher ist eine sprachliche Abrüstung bei Klimathemen notwendig. Dafür plädiert auch Alexander Kissler in der *NZZ* mit Blick auf die »Sprache des Terrors«, die Klimaaktivisten bemühen, wenn sie sich »aus Gründen der Notwehr« für Militanz entscheiden. Von »grüner RAF«, »Klimapartisanen« oder »Sabotage for Future« ist da die Rede. Kissler: »Wer die weitere Radikalisierung der Klimaschützer verhindern will, sollte sein stilles oder lautes Einverständnis mit dem kursierenden Alarmpathos überdenken. Der Mensch ist kreativer, als es die Untergangspropheten behaupten. Es ist nie zu spät für Vernunft und Besonnenheit. Eine Uhr, die ständig 5 vor 12 anzeigt, gibt nicht die Zeit wieder, sondern das eigene Empfinden.«[8]

Auch die renommierte Freiheitsforscherin Ulrike Ackermann unterstreicht, dass die Debatte hysterisch ist und mit Alarmismus geführt wird. Wir seien uns alle darüber einig, dass die Klimarettung wichtig ist und der Klimawandel bedrohliche Züge angenommen hat. Umso wichtiger sei es, dass wir mit kühlem Kopf den Problemen entgegentreten.[9]

Das deutsche *Handbuch Klimafakten* hält mit Blick auf eine vernünftige Diskussion und Kommunikation beispielhaft fest: »Für eine erfolgreiche Klimakommunikation ist es wichtig, positiv zu bleiben. Konfrontation, Schuldzuweisungen oder ein Verächtlich-Machen anderer Positionen bewirken nicht nur wenig – sie bringen selbst Gutwillige oder zuvor Unbeteiligte gegen einen auf.«[10]

Das Klimahandbuch zitiert dabei den Psychologen Per Espen Stoknes aus seinem Buch *What We Think About When We Try Not To Think About Global Warming* mit dessen Befund: »Jede Lösung funktioniert viel besser, wenn die Leute sie wollen, mögen, lieben, anstatt sie aus Pflichtgefühl oder Schuld, wegen einer Vorschrift oder aus Angst vor Strafe umzusetzen.«[11]

Es ist kein Wunder, dass jene, die auf Panikmache setzen, ihre Ziele mit einer Verbots- und Strafpolitik durchsetzen wollen. Umso wichtiger ist es vor diesem Hintergrund, den Ansätzen des Klimaaktivismus sehr kritisch gegenüberzustehen, deren Methoden aufzuzeigen und ihre Logiken zu hinterfragen (siehe die Thesen 2 bis 5).

Natur gegen Klima?

Dass die einseitige, emotional aufgeladene Stimmungsmache beim Thema Klimawandel zum Problem geworden ist, wird bei den zahlreichen Kontroversen deutlich, in denen sich klimapolitische Maßnahmen bewegen. Man muss an dieser Stelle gar nicht an die großen Zusammenhänge zwischen Wohlstand, Arbeitsplätzen und Nachhaltigkeit denken (Details dazu in den Thesen 7 und 9), sondern an das große »themeninterne« Spannungsfeld zwischen Natur- und Klimaschutz.

Bei der gesellschaftlichen und politischen Auseinandersetzung mit diesem Thema stehen wir erst am Anfang. Was ist wichtiger: Der Schutz von Natur- und Kulturlandschaften, der technische Eingriffe und Infrastrukturen verbietet – oder der Klimaschutz, der deutliche Eingriffe in Natur- und Lebensräume erfordert, unter anderem durch den massiven Ausbau von Windkraft, Stromleitungen oder Photovoltaikanlagen an Berghängen (siehe Beispiel Schweiz[12])?

Einen kleinen Vorgeschmack auf die anstehenden Konflikte zwischen Natur- und Klimaschutz liefern die Erkenntnisse einer Market-Studie im Auftrag von oecolution austria (2023): In einer bundesweit repräsentativen Umfrage geben etwa 49 % der befragten Österreicherinnen dem Lebensraum für Tiere klare Priorität gegenüber dem Ausbau erneuerbarer Energie. 56 % der Befragten geben Naturschutzgebieten klare Priorität gegenüber dem Ausbau erneuerbarer Energie. Und dem Bau von Photovoltaikanlagen auf Grünflächen stimmen insgesamt 58 % sicher beziehungsweise eher nicht zu. Diese Schlaglichter zeigen: Es gibt erhebliche Spannungsfelder zwischen Klimawende-Interventionen und dem Natur- und Tierschutz (siehe Grafiken auf den Seiten 22 und 23). Diese müssen dringend gelöst werden. Sie erfordern von uns als Gesellschaft Diskussionsbereitschaft, Vernunft und Handlungsfähigkeit.

Dabei muss die breite Bevölkerung in den Regionen, wo Maßnahmen für die Klimawende tatsächlich umgesetzt werden und täglich sichtbar sind, erreicht und einbezogen werden. Nicht nur dort kommen wir mit Panik und Polarisierung nicht weiter, sondern brauchen machbare Lösungen.

Konfliktfelder zwischen Natur-, Tier- und Klimaschutz

39 Prozent

halten **Maßnahmen zur Bekämpfung** des Klimawandels für »sehr wichtig«.

49% der Frauen

und

37% der Männer

geben
dem **Tierschutz**
Vorrang vor dem Klimaschutz.

56 Prozent

sind **erneuerbare Energien wichtiger** als das Landschaftsbild.

36
Prozent

sind **erneuerbare Energien wichtiger** als Naturschutz-gebiete.

---

54 Prozent

sind **gegen PV-Anlagen** auf Grünflächen.

(auf jeden Fall falsch: 20 %, eher falsch: 34 %)

Quelle: Ausgewählte Ergebnisse einer Market-Studie im Auftrag von oecolution austria (2023)

Zu einer Versachlichung der Debatte über den menschlichen Einfluss auf Natur und Klima trägt jedenfalls auch der Blick in die Geschichte bei. Der Mensch hat die Natur schon immer massiv in Anspruch genommen. Das ist in der Menschheitsgeschichte nichts Neues, sondern die Regel.

Yuval Noah Harari schreibt dazu in seinem Buch *Eine kurze Geschichte der Menschheit*: »Die romantische Vorstellung, dass die moderne Industrie die Natur zerstört, während unsere Vorfahren in Einklang mit ihr lebten, ist nichts als eine Illusion. Schon lange vor der industriellen Revolution hielt der *Homo sapiens* den traurigen Rekord als dasjenige Lebewesen, das die meisten Tier- und Pflanzenarten auf dem Gewissen hat.« Und: »Der *Homo sapiens* hatte die Hälfte aller Großsäuger der Erde ausgerottet, noch ehe er das Rad, die Schrift und Waffen aus Metall erfunden hatte.«[13]

Auch der deutsche ehemalige Grünenpolitiker Ralf Fücks stellt fest, dass der Mensch immer schon tief in natürliche Kreisläufe eingegriffen hat. Heute gehe es darum, »uns als Mitproduzent der Natur [zu] verstehen, der bewusst in die natürliche Evolution eingreift, ohne sie aus der Bahn zu werfen. Es kommt darauf an, den Stoffwechsel zwischen Gesellschaft und Natur so zu gestalten, dass uns die unbeabsichtigten Nebenwirkungen nicht über den Kopf wachsen und die Existenzbedingungen der menschlichen Zivilisation ruinieren: Wachsen mit der Natur.«[14]

Das erfordert eine Strategie, die die bestmögliche Reduzierung von neuen Treibhausgasemissionen und von bereits angehäufter Kohlenstoffkonzentration mit klugem Wirtschaftswachstum und breiter Wohlstandssicherung verbindet. Panikmache ist und bleibt der falsche Weg in die Zukunft.

These 2

Die Endzeitstimmung in der Klimadebatte schadet dem Klimaschutz

Apokalyptisches Denken, öffentliches Anprangern von Klimasündern und Predigen von Verzicht zeigen, dass es viele Parallelen zwischen Religion und Klimabewegung gibt. Das wird immer mehr zum Problem: Während Apokalyptiker und Missionare in der Klimapolitik den Ton angeben, erhalten Macher und Umsetzer viel zu wenig Aufmerksamkeit. Dabei kommt es auf ihre wirksamen Maßnahmen für Klimaschutz und Klimaneutralität an.

Bad news is good news: Die schlechte Nachricht ist die bessere. Diese Logik prägt bekanntlich nicht nur die Welt der Medien und Meinungsmacher, sondern traditionell auch religiöses Denken und Handeln, das auf die Disziplinierung von Menschen abzielt. Mit apokalyptischen Szenarien versuchte man in Religionen seit jeher, das Verhalten von Menschen zu beeinflussen, um sie zur religiös gewünschten »Umkehr« zu bewegen. Im Christentum spielt die *Apokalypse* – die Offenbarung des Johannes im *Neuen Testament* – eine besondere Rolle.

Dass der apokalyptische Grundton von Klimaaktivisten in unserer Kultur auf hohe Resonanz stößt, ist für manche Beobachter wenig überraschend. Der Publizist und Berater Felix E. Müller stellt dazu fest:

>> Was in Predigten, in erbaulichen Büchern, was in mittelalterlichen Wandgemälden und klösterlichen Andachten in den letzten 2000 Jahren millionenfach wiederholt und beschworen wurde, kann innert zwei Generationen nicht einfach verlorengehen. Unser Zeitalter ist nicht weniger religiös als die vorangehenden, obwohl wir das alle meinen. Das religiöse Bedürfnis sucht sich nur andere Ausdrucksformen als früher. Der Endzeitdiskurs in der heutigen Politik, das apokalyptisch gefärbte heutige Kulturschaffen verraten dies. So dröhnt es heute von der Kanzel der veröffentlichten Meinung: Wenn die Welt demnächst den Klima-Untergang erleide, so sei dies der Fall, weil wir uns alle verschuldet hätten – zu viel mit dem Flugzeug unterwegs,

zu viel konsumiert, zu viele Dieselkilometer gefahren. Nicht visionäre wissenschaftliche Erfindungen könnten die Welt noch retten, nicht etwa die experimentelle Technologie, die es erlaubt, CO_2 der Atmosphäre zu entziehen. Nur noch die Umkehr vermag das Schlimmste abzuwenden, was jeder Bußprediger während Jahrhunderten verkündet hat. Wir sind alle Sünder![15] «

Die Bußprediger des Mittelalters und ihre dramatischen Weltuntergangsfantasien scheinen heute eine zeitgemäße Fortsetzung in der Klimabewegung gefunden zu haben. Auch der Puritanismus des 16. Jahrhunderts feiert ein Comeback. Der ehemalige Grünenpolitiker Ralf Fücks schreibt dazu: »Ein Teil der Klimabewegung vertritt einen Öko-Puritanismus, der Verzicht zur Tugend erhebt: Du sollst nicht fliegen, kein privates Auto besitzen, kein Fleisch essen, deinen Konsum einschränken. So richtig der Appell an die persönliche Verantwortung ist, so weltfremd ist die Vorstellung, der Klimawandel ließe sich durch die Abkehr von der Konsumgesellschaft aufhalten.«[16]

Motiv und Begriff der Sünde sind jedenfalls aus dem Vokabular der Klimaaktivisten nicht wegzudenken: Das Anprangern von Klimasündern – inzwischen sind es vor allem »die Reichen« und nicht mehr nur Staaten – gehört ebenso zum Kommunikationsrepertoire wie das Predigen von Verzicht. Dass man »Flugsünden« – vor denen Klimaaktivisten bekanntlich auch nicht gefeit sind – durch Klimaschutz-Spenden kompensieren kann, erinnert an den historischen Ablasshandel.

Die Frage »Ist der ›Klimatismus‹ eine neue Religion?« hat der Journalist Josef Joffe klar beantwortet: »Die strukturellen Ähnlichkeiten sind verblüffend, trotz dem Ruf nach Wissenschaftlichkeit.«[17] Er konstatiert: »Heute ist die sündige Ausschweifung der hemmungslose Konsum, der über

global warming in den Untergang führt. Verzichtet auf den neu-
modischen Tand: Autos, Fernreisen, Air-Conditioning, Fleisch.
Lasst ab vom Götzen ›Wachstum‹, verbeugt euch zerknirscht
vor der Natur. Kauft Ablass mit CO_2-Zertifikaten.«[18]

Auch die Freiheitsforscherin Ulrike Ackermann und Direk-
torin des John-Stuart-Mill-Instituts mahnt, dass die Klimarettung als oberstes politisches Primat fast einer Religion
gleichkommt.[19]

Die gesellschaftliche Lust an der Apokalypse scheint ein
kulturelles Phänomen zu sein, das sich durch die Geschichte
der Menschheit zieht – allerdings nicht der gesamten: So macht
das Magazin *Pragmaticus* darauf aufmerksam, dass zwar kaum
eine westliche Religion auf apokalyptische Szenarien verzichtet hat, Chinesen hingegen mit Weltuntergangsszenarien traditionell weniger anfangen können.[20] Ein pragmatischerer Umgang mit der Zukunft dürfte auch standortpolitisch positive
Folgen haben.

Noch einmal Felix Müller: »Wer von apokalyptischen
Ängsten erfüllt ist, der hat keine Zeit mehr für langwierige
Debatten. Er klebt sich auf die Autobahnen und fordert:
1,5 Milliarden für Gebäudesanierungen, und zwar sofort!
Der wahrhaft Gläubige duldet keine Kompromisse, das war
schon im alten christlichen Zeitalter so und ist es im heutigen
kryptochristlichen immer noch.«[21]

Religiöse Renaissance der Apokalypse

Eines der irritierenden Phänomene einer religiös anmutenden
Klimadebatte besteht übrigens darin, dass manche kirchliche
Kreise die »Klima-Apokalypse« als willkommene Gelegen-
heit sehen, selbst wieder ihre apokalyptische Programmatik
aufzunehmen.

Joachim Müller-Jung hat in einem Kommentar für die *Frankfurter Allgemeine Zeitung* auf diese Entwicklung aufmerksam gemacht – und präsentiert dazu konkrete Beispiele: Der katholische Theologe Gregor Taxacher von der TU Dortmund plädiert etwa für mehr apokalyptisches Denken: »Apokalypse ist jetzt […] wir haben eine Situation, in der die Gesellschaft sich revolutionieren muss.«[22]

Auch der Göttinger Religionswissenschaftler Alexander-Kenneth Nagel fordert nach Müller-Jungs Bericht, sich die Apokalypse zu vergegenwärtigen, um die Klimakrise besser bewältigen zu können: Die Apokalyptik habe das Potenzial, »den eigenen Blick zu weiten, sich die Verhältnisse ganz anders vorzustellen«.[23]

Das religiöse »Trittbrettfahrertum« rund um die Klimaapokalypse durch die Kirche zeigt sich übrigens bereits in liturgischen Fragen – in Trauerfeiern für sterbende Gletscher. Anfang Juli 2023 wurde etwa ein »Requiem« für den Brandner-Gletscher in Vorarlberg abgehalten. Auf dem Zugspitzplatt fand eine »Totenmesse« für Gletscher statt. Auch die Pasterze wurde im September 2023 in einem »Gletscherbegräbnis« zu Grabe getragen.

Jan-Heiner Tück, Professor am Institut für Systematische Theologie und Ethik der Universität Wien, bezeichnet solche Trauerfeiern für sterbende Gletscher nicht nur als »theologisch abenteuerlich« und fragwürdig: »Sie tragen dazu bei, das Thema Klimawandel emotional aufzuladen und den apokalyptisch gefärbten Klima-Aktivismus theologisch zu unterfüttern.« Sein Befund: »Der Verdacht stellt sich ein, dass der Relevanzverlust, den die Kirchen in ihrem Kernbereich, der Rede von Gott und Jesus Christus, von Sünde und Erlösung, von Gericht und Vollendung hinnehmen müssen, durch geschmeidige Anpassung an ökologische Imperative kompensiert werden soll.« Und, mahnt der Theologe: »Bei aller gebotenen Solidarität mit Anliegen des Klimaschutzes können rechtswidrige Interventionen, die die Infrastruktur lahmlegen, Kunstwerke attackieren und andere schädigen, nicht gebilligt werden. Auch kann die Kirche den Bezichtigungsfuror, der sich im Umkreis der ›Letzten Generation‹ breitmacht, nicht einfach mitmachen. Das Tribunal der ›Letzten Generation‹ ist nicht das Jüngste Gericht. Vor diesem werden sich Klimasünder und Klimaaktivisten gleichermaßen zu verantworten haben.«[24]

Probleme der »religiösen« Klimadebatte

Auch wenn der Vergleich zwischen Klimaaktivisten und religiösen Eiferern für manche überspitzt wirken mag, werden damit doch problematische Züge der Klimabewegung besonders gut sichtbar. Die apokalyptische Endzeitstimmung schadet dem Klimaschutzgedanken letztlich, denn:

• Das Engagement gegen den Klimawandel darf nicht in den Kategorien »gut« und »böse« geführt werden, wie sie für Religionen (leider) normal sind. Denn dies führt schnell zu gesellschaftlicher Polarisierung, Einseitigkeit und Freund-Feind-Denken.

• In der Religion gibt es stets nur einen Weg zur Erlösung, nämlich jenen, den die jeweilige Religionsgemeinschaft vorgibt. Dieser Grundsatz darf für die Klimapolitik nicht gelten. Wir müssen (technologisch) offen sein und bleiben, um gemeinsam als richtig erkannte Klimaschutzziele zu erreichen.

• Wenn in der Klimapolitik Prediger und Missionare den Ton angeben, bleibt zu wenig Raum für diejenigen, auf die es wirklich ankommt: auf die Macher und Umsetzer. Je mehr Raum die Medien den spektakulär, aber letztlich simpel agierenden Gurus und Aktivisten gewähren, desto weniger bleibt für die Auseinandersetzung mit wirksamen Maßnahmen für Klimaschutz und Klimaneutralität übrig.

Für einen breit verankerten und wirksamen Klimaschutz ist es wichtig, sowohl die Klimaschutzdebatte als auch Klimaschutzmaßnahmen aus der Sphäre des religiösen Jenseits in das praktische Diesseits zu verlagern. Es geht nicht um Erlösung, sondern um Lösungen. Dass Teile der Klimaschutzbewegung einer Guru-Person (wie etwa die längste Zeit Greta Thunberg) folgen, sich für moralisch überlegen halten, nur einen Weg in die Zukunft kennen oder »Klimasündern« Verbote verordnen wollen, sollte bei rational denkenden Menschen alle aufklärerischen Alarmglocken schrillen lassen.

Der deutsche Demokratieforscher Wolfgang Merkel bilanziert: »Der Zweck, das Klima zu schützen, ist legitim [...] Was aber zu kritisieren ist, ist der religiös anmutende Eifer, die Selbstheroisierung zur ›Letzten Generation‹. Die Aktivisten glauben, sie verfügten über die Erleuchtung, während alle anderen im Dunkel der Ignoranz verharren. Das ist anmaßend und potenziell autoritär.«[25]

Die Zeiten, in denen religiöses und magisches Denken unser öffentliches Leben geprägt und diszipliniert hat, sollten der Vergangenheit angehören. Wir werden für die Zukunft nichts gewinnen, wenn wir in apokalyptischen Fantasien verharren.

These 3

Die extremen Positionen der Klimaaktivisten sind eine Gefahr für die Demokratie

Die Klimadiskussion entwickelt nicht nur Szenarien einer CO_2-neutralen Zukunft, sondern bringt auch eine Renaissance kapitalistischer Systemkritik und einseitiger Neiddebatten mit sich. Autoritäre Vorstellungen von Politik sind im ökologischen Bereich nicht länger zu leugnen – und werden zu einer Herausforderung für unsere Demokratie.

Statt nur »Climate Change« gleich der »System Change«: Die Klimapolitik soll in den Augen vieler Klimaaktivisten gleich auch der Hebel für einen gesamten »Systemwechsel« sein. Dieses Anliegen taucht in klimapolitischen Debatten oft auf. Beim geforderten Systemwechsel geht es nicht nur um Fragen der Energietechnologien, allen voran um Technologien für den bestmöglichen Umstieg auf erneuerbare Energien. Im Fokus steht vielmehr ein Systemwechsel hin zu einer anderen wirtschaftlichen und sozialen Ordnung. Frei nach dem Motto: Der Kapitalismus zerstört unsere natürlichen Lebensgrundlagen – daher müssen wir jetzt (wieder einmal) den Kapitalismus zerstören.

Der Historiker Andreas Rödder hält dazu fest: »Das historisch einmalige und zugleich so tief internalisierte Wohlstands- und Freiheitsversprechen des westlichen Gesellschaftsmodells steht unter dem Verdacht, die Lebensgrundlagen der Menschheit zu zerstören. Weite Teile der Klimabewegung sehen im Kapitalismus den Verantwortlichen für das drohende Ende der Welt, das an die Stelle des hoffnungsfrohen Narrativs vom ›Ende der Geschichte‹ nach 1989 getreten ist.«[26]

Über den »Kollateralschaden« der Aushöhlung unserer repräsentativen Demokratie beim angestrebten Systemwechsel wird auffällig wenig gesprochen. In der »Notsituation«, in der wir uns aufgrund des Klimawandels, oder oft bewusst dramatisch als Klimakrise bezeichnet, befinden, gilt für manche Klimaaktivisten offenbar der Grundsatz »Weniger Demokratie wagen«.

Die deutsche Klimaaktivistin Luisa Neubauer – sie sieht die Klimabewegung längst in einem »Kulturkampf«[27] – hat es glasklar ausgedrückt: »Die Wahl zwischen Zeit und Demokratie, die haben wir nicht.«[28]

Während in der öffentlichen Debatte vergleichsweise viel – und zu Recht – über die Gefahren diskutiert wird, die der liberalen Demokratie von rechtsextremer, linksextremer sowie islamistischer Seite drohen, sind die Zumutungen eines neuen Autoritarismus unter ökologischen Vorzeichen ein Thema, das mehr Beachtung verdient.

Diese neue Spielart des Autoritarismus geht übrigens Hand in Hand mit einer Renaissance klassenkämpferischer Slogans.

Konkret sind es drei Entwicklungen, die Anlass zur Sorge aus demokratiepolitischer Sicht geben: die Inszenierung von Klimaräten als Alternative zu Parlamenten, die Verbindung von »Klimakampf« und »Klassenkampf« sowie autoritäre Einschränkungen unserer Freiheitsrechte und unseres Verständnisses von Freiheit zugunsten des Klimas.

Wenn es nach dem Willen zahlreicher Klimaaktivisten geht, soll sich unsere Entscheidungskultur weg vom demokratischen Parlamentarismus hin zu sogenannten Bürgerräten entwickeln, die politische Entscheidungen treffen oder zumindest entscheidend vorbereiten sollen. Wer in einen solchen Rat aufgenommen wird, soll dem Zufall überlassen und ausgelost werden.

Vorschläge dieser Art sind nicht neu. Es gab im 20. Jahrhundert unterschiedliche Versuche, demokratische Institutionen durch Räte zu ersetzen oder gleich Räterepubliken zu installieren. Damit hat bekanntlich auch die Geschichte der Sowjetunion begonnen, wie Kritiker der Räteidee betonen.

Mitunter werden solche »Räte« auch erzwungen, wie sich im Februar 2023 in Hannover zeigte: Dort schloss der Oberbürgermeister einen Pakt mit der »Letzten Generation«, um weitere Proteste zu verhindern.[29] Vorausgegangen war dem die Androhung der »Letzten Generation« einer »maximalen Störung der öffentlichen Ordnung«, sollte die Stadt nicht ein klimapolitisches Signal an den Deutschen Bundestag aussenden. Hannovers Oberbürgermeister beugte sich der Erpressung: In einem Brief an den Bundestag erklärte er folgsam, er teile die Auffassung, dass die Klimakrise die Existenz der Menschheit akut gefährde. Er unterstützt darin die Forderung der »Letzten Generation« nach einem Tempolimit auf bundesdeutschen Autobahnen. Und: Der Bürgermeister sprach sich auch dafür aus, die Forderung der »Letzten Generation« nach einem sogenannten »Gesellschaftsrat« im Parlament zu diskutieren. Die »Letzte Generation« triumphierte – und forderte, dass andere Städte dem Beispiel Hannovers folgen sollten.

Demokratie darf nicht erpressbar sein

Wenn sich gewählte Politiker ernsthaft mit der Aushebelung der repräsentativen Demokratie durch dubios zusammengesetzte »Räte« auseinandersetzen sollen, dann läuft etwas schief in der Demokratie. Die Selbstaufgabe demokratischer Prinzipien und Strukturen zugunsten eines autoritären Klimaschutzverständnisses wäre ein massives Problem für unsere demokratische Kultur. Wir dürfen uns in der Demokratie nicht nur von niemandem erpressen lassen – wir müssen uns auch gezielt mit der Frage der Vereinbarkeit bestimmter Klimaschutzideologien mit unserer demokratischen Ordnung beschäftigen.

Tatsache ist: Teile der Klimaschutzaktivisten verfolgen Klimaschutzziele mit einem Absolutheitsanspruch, der eindeutig autoritäre Züge trägt. Es gibt für sie nur noch ein Ziel, dem sich alles und jeder unterzuordnen hat. Genau darin liegt das Problem: Auf unserer Agenda als Gesellschaft stehen stets mehrere Ziele, die wir gemeinsam verwirklichen müssen. Klimaschutz ist wichtig, aber es muss uns immer auch um Wertschöpfung und Arbeitsplätze gehen.

Die repräsentative Demokratie ist die legitimierte Plattform, über die in der Gesellschaft unterschiedliche Anliegen und Prioritäten abgestimmt werden. Dazu gibt es keine Alternative. Diese »Geschäftsgrundlage« unseres Zusammenlebens und Zusammenarbeitens ist von allen zu akzeptieren. Und deshalb dürfen Erpresser beim Klimaschutz keinen Erfolg haben. Sonst wären wir alle die letzte Demokratie-Generation.

Auch in Österreich wurde ein – umstrittener – Klimarat installiert, der unter wissenschaftlicher und administrativer Begleitung »Empfehlungen« an die Politik erarbeitet hat. »Der Klimarat stellt eine Art ›Mini-Österreich‹ dar«, heißt es zum Gremium auf der Website des österreichischen Bundesministeriums für Klimaschutz.[30]

Übersehen wird auch hier zweierlei: Einerseits haben wir mit dem Nationalrat bereits ein gewähltes »Mini-Österreich«. Und andererseits kann ein mit den Mitteln der Statistik und Meinungsforschung »repräsentativ« zusammengesetztes Gremium kein Ersatz für ein gewähltes Gremium sein. Sonst könnten wir gleich politische Entscheidungen in repräsentativen Umfragen fällen – und bräuchten gar keine gewählten Parlamente mehr.

Abgesehen davon war die Zusammensetzung des Klimarats nach Expertenbefunden methodisch unsauber: Einstellungen zum Klimawandel waren nicht Teil des Auswahlverfahrens. Ergebnis war eine »Selbstselektion« bereits klimaaktiver Bürger. Deren Einstellungen waren nicht repräsentativ für die Bevölkerung. Sogar die wissenschaftliche Evaluierung des Gremiums befand daher unter anderem: »Dementsprechend sollte für zukünftige Bürger*innenräte die Frage nach der Haltung zum jeweiligen Ratsthema nicht nur bei der Auswahl der Teilnehmer*innen gestellt, sondern in der Folge auch als Auswahlkriterium herangezogen werden. Da sich gezeigt hat, dass kritische Stimmen eher weniger bereit sind, sich an einem Bürger*innenrat zu beteiligen, müsste gerade für diesen Teil der Bevölkerung mehr Motivationsarbeit zur Teilnahme geleistet werden.«

Kommentatoren urteilten, beim Gremium handle es sich um eine »gelenkte Fokusgruppe« und um einen politischen »Hang zur Postdemokratie«.[31]

Ähnlich kritisch fällt der Befund für den in Deutschland von der »Letzten Generation« geforderten »Gesellschaftsrat« aus, der sich aus ausgelosten Bürgern zusammensetzen und Vorschläge für Klimaneutralität bis 2030 erarbeiten soll. Diese müssten dann verbindlich ins Parlament eingebracht werden.

Der deutsche Politikwissenschaftler Armin Pfahl-Traughber erkennt darin die Gefahr, dass die repräsentative Demokratie außer Kraft gesetzt werden soll: »Würden die Beschlüsse des Gesellschaftsrats an die Bundesregierung übergeben, die daraus Gesetzesvorhaben machen und diese im Parlament durchsetzen soll, würde das darauf hinauslaufen, die Gewaltenteilung auszuhebeln. Denn der Gesellschaftsrat würde so die Funktion des Parlaments übernehmen und dieses mit seiner Rolle in der Gewaltenteilung delegitimieren.«[32]

In unseren repräsentativen Demokratien sind und bleiben es aber die gewählten Parlamente, die Initiativen einbringen und Beschlüsse fassen. Wir brauchen keine parallel geführten Klimagremien, die irgendwann die gewählte Volksvertretung zum Thema Klima ersetzen könnten. Gegen diese Art von schleichendem Systemwechsel gilt es wachsam zu bleiben. Schließlich haben wir aus guten Gründen auch keine Wirtschaftsräte, die über Wirtschaftspolitik entscheiden. Österreich und Deutschland sind demokratische Republiken. Ihr Recht soll weiter vom Volk ausgehen – nicht von Räten. Das System der repräsentativen Demokratie ist der Kern unserer demokratischen Kultur. Wir dürfen es nicht untergraben – auch nicht für den guten Zweck des Klimaschutzes.

Autoritär-ökologisch statt liberal-demokratisch?

Dass manche Vorstellungen von Klimaschutz mit den Gesetzen der liberalen Demokratie nicht vereinbar sind, zeigt sich nicht nur am Versuch, den repräsentativen Parlamentarismus auszuhöhlen. In der Debatte grassieren auch Vorschläge, hinter denen autoritäre – wenn nicht totalitäre – Vorstellungen stehen, die Demokratie und Freiheit grundlegend auf den Prüfstand stellen. Alles scheint erlaubt, sofern es nur dem Klima dient. So hat der deutsche Klimaforscher Hans Joachim Schellnhuber, heute Generaldirektor des IIASA in Laxenburg, vorgeschlagen, jedem Bürger einen bestimmten CO_2-Verbrauch pro Jahr zuzuteilen, um den Klimaschutz voranzubringen. Wer mehr verbraucht, muss sich Emissionsrechte kaufen. Das persönliche CO_2-Konto soll laut Schellnhuber drei Tonnen im Jahr für jeden Menschen betragen. Österreicher stoßen übrigens rein rechnerisch etwa neun Tonnen CO_2 im Jahr aus.[33]

»Genau mit solchen Maßnahmen geht der Wohlstand den Bach runter – und die Freiheit erst recht«, repliziert die ehemalige deutsche Bundesministerin und Publizistin Kristina Schröder.[34] Sie legt den Finger in die Wunde ökologischer Vorhaben, die beim Klimaschutz radikal etwas weiterbringen wollen: Diese seien mit unserer liberalen Demokratie und unserem Verständnis von Freiheit schlichtweg nicht vereinbar.

Und der Historiker Andreas Rödder hält mit Blick auf die deutsche Debatte fest: »Wenn das Potsdam-Institut für Klimafolgenforschung mit Hans Joachim Schellnhuber Ideen kolportiert, dass jeder Bürger ein CO_2-Emissionsbudget pro Jahr bekommen soll (das übrigens weit unter dem liegt, was jede und jeder von uns im Moment jährlich verbraucht), dann hat das nicht nur hochgradig regulatorische, sondern auch sozial-disziplinarische oder geradezu totalitäre Züge.«[35]

Interessant an der Debatte über persönliche Einschränkungen im Rahmen der CO_2-Reduktion ist, dass derartige Konten-Ansätze schon länger in Diskussion waren, früher aber stets als nicht hinnehmbar abgelehnt wurden. Infolge der Corona-pandemie und ihrer Bekämpfung wurden sie aber wieder zum Thema. Die »Logik« von Klimaaktivisten entspricht diesem Ansatz: »Viele Aktivisten sind […] gefangen im Katastrophis-mus und der Negation. Die ›Letzte Generation‹ verficht die Utopie der Stilllegung, eine Art permanenter Klima-Lock-down«[36], bilanziert Ralf Fücks.

Während der Coronapandemie hat sich offenbar gezeigt, dass Menschen zu Einschränkungen bereit sind – und dass man die Erfahrung mit Contact-Tracing-Apps auch für die Entwicklung von CO_2-Guthaben-Apps einsetzen kann.

Am *Celsius*-Klimablog der »Scientists for Future Austria« schreibt Martin Auer in diesem Sinn: »Solche Apps könnten sehr gut den verkehrsbedingten Energieverbrauch eine*r Handynutzer*in berechnen, da sie das Bewegungsprofil auf-zeichnen und aufgrund der Reisegeschwindigkeit auch fest-stellen könnten, ob man zu Fuß, mit dem Fahrrad, mit öffent-lichen Verkehrsmitteln oder mit dem Auto oder Flugzeug unterwegs war. Solche Apps könnten auch Vorschläge für Verhaltensänderungen machen und künstliche Intelligenz könnte eingesetzt werden, um festzustellen, welche Vorschläge von den Nutzer*innen am besten angenommen werden. Ein schwerwiegendes Problem wäre freilich der Schutz der Privat-sphäre. Es müsste garantiert sein, dass außer der Menge an verursachten CO_2-Emissionen keine anderen persönlichen Daten weitergegeben werden.«[37]

Totale Überwachung im Namen des Klimaschutzes – das wäre ein Szenario, das mit unseren Grundrechten und unserer demokratischen Kultur schlichtweg unvereinbar ist. Wer das chinesische *Social-Credit-System* kritisiert, wird wohl nicht gleichzeitig für ein *Ecological-Credit-System* eintreten können – außer er oder sie hat Sympathien für Diktaturen, die sich digital perfektionieren.

Sympathien für radikale Maßnahmen sind jedenfalls auch in der Politik verbreitet. »Wir haben es in der Pandemiebekämpfung nämlich geschafft, weltweit in einer Radikalität zu agieren, auch hier in Österreich – mit Maßnahmen, die waren vollkommen unvorstellbar. Wir haben Sondersituationen geschaffen, auch gesetzliche, weil wir Dinge außer Kraft gesetzt haben, Eingriffe in Freiheitsrechte vorgenommen haben, die waren enorm tiefgreifend – und haben dafür die gesetzlichen Rahmenbedingungen geschaffen, das zu tun. Das heißt, wir haben mit einer unglaublichen Radikalität auf diese Krise reagiert […]. Die Frage ist, wie viel Radikalität trauen wir uns in der Bekämpfung der Klimakrise zu«[38], formulierte der österreichische Grünenpolitiker und Gesundheitsminister Johannes Rauch bei einem SDG-Dialogforum im Oktober 2022.

Die Versuchung, auch beim Klimaschutz radikalere, restriktivere Maßnahmen zu setzen, ist nach den Coronaerfahrungen offenbar groß.

Klimakampf als Klassenkampf?

Als breitenwirksamer »Schuhlöffel« für den Einstieg in die Einschränkung von Freiheitsrechten bieten sich möglicherweise die seit vergangenem Jahr viel diskutierten »Energielimits für Reiche« an. Diese Forderung macht jedenfalls auch deutlich, dass die Klimadebatte immer stärker von klassenkämpferischen Zugängen geprägt ist.

Gerade politische Parteien mit dem Anspruch, den »kleinen Mann« zu vertreten, haben entdeckt, dass die Energiewende auch eine zutiefst soziale Frage ist. Klimaschutz macht vieles teurer – man muss sich ihn daher erst einmal leisten können.

Was liegt also in einem populistischen Politikverständnis näher, als »die Reichen« ins Visier zu nehmen, die ja tatsächlich mehr CO_2 emittieren? Ein Privatjet, so das klassische Argumentationsbeispiel, emittiert in nur wenigen Stunden so viel CO_2 wie ein durchschnittlicher EU-Bürger in einem ganzen Jahr. Die »Letzte Generation« twitterte ganz in diesem Sinn: »Die Superreichen zerstören die Zukunft unserer Kinder.«[39]

Die Entdeckung der »Reichen« als Klimafeind macht das Thema Klimaschutz jedenfalls auch für Parteien attraktiv, die den Klassenkampf in der politischen DNA tragen.

Diese Debatte zeigt, wie stark die Klimafrage zur Systemfrage stilisiert wird. Das generelle Problem mit den »Reichen« und das Problem mit dem Klima sollen offenbar in einem Aufwisch gelöst werden. Dies erinnert ein wenig an die österreichische Vermögenssteuer-Diskussion, in der die Wiedereinführung der Vermögenssteuer als Allheilmittel für budgetäre Finanzierungsprobleme gesehen wird. Tatsache ist aber auch hier, dass eine Vermögenssteuer nur dann relevante Effekte hätte, wenn sie auf die Mittelschicht ausgedehnt würde. Für den Klimaschutz würde dies analog bedeuten, dass das geforderte CO_2-Limit tatsächlich für jeden und jede eingeführt werden müsste – und nicht nur für »die Reichen«.

Wollen wir wirklich einen Öko-Klassenkampf und einen Systemwechsel unseres Lebensmodells hinnehmen? Der ehemalige Grünenpolitiker Ralf Fücks zieht eine klare Bilanz:

>> Der Ruf nach einer Zeitenwende zum Weniger zielt auf die Umkehr der Entwicklungsrichtung der modernen Zivilisation: Selbstbeschränkung statt Selbstentfaltung, Einrichten im Bestehenden statt Aufbruch zu neuen Ufern, eine stationäre Ökonomie statt rastloser Dynamik, Stilllegung der Bedürfnisse statt ihrer ständigen Steigerung. Sie fordert nicht nur den Abschied vom Kapitalismus, sondern den neuen Menschen. Wie bei allen Bekehrungsphantasien steckt darin die Tendenz zum Zwang, zur Umerziehung und Kontrolle. Wer die drastische Einschränkung von Produktion und Konsum als Antwort auf die Öko-Krise fordert, gerät fast zwangsläufig auf eine autoritäre Rutschbahn. An ihrem Ende lauert der ökologische Tugendstaat, der jedem sein bescheidenes Ressourcen- und Emissionskontingent zuordnet und seine Überschreitung sanktioniert. Freiheit schnurrt auf die Einsicht in die ökologische Notwendigkeit zusammen.[40] <<

Am Ende, meint er, würde eine Politik des verordneten Schrumpfens die liberale Demokratie ruinieren, aber den Klimawandel nicht stoppen. Selbst drastische Eingriffe in den Lebensstil der Mittel- und Oberschicht – etwa eine strikte Limitierung von Flugreisen und Wohnflächen – könnten ihn allenfalls abbremsen, nicht aber aufhalten. Sie wären nur der buchstäbliche Tropfen auf den heißen Stein angesichts einer wachsenden Weltbevölkerung und der Aufstiegsambitionen von Milliarden Menschen, so Fücks.

Allen autoritären Versuchungen im Namen des Klimaschutzes sollten wir konsequent unser System der liberalen Demokratie und unseres Wirtschafts- und Sozialmodells der ökosozialen Marktwirtschaft entgegensetzen. Das ist schließlich jenes Modell, das im weltweiten Vergleich unsere zentralen Werte verbindet, indem es individuelle Freiheit und wirtschaftliche Leistungskraft für soziale und ökologische Nachhaltigkeit nützt. Das kann kein anderes Modell weltweit leisten. Den einen – Stichwort China – ist die Freiheit nichts wert, den anderen – Stichwort USA – die Solidarität nicht. Wir brauchen und wollen aber für eine positive Entwicklung beides.

Individuelle Freiheit und offene Gesellschaft, Bürgerrechte und demokratische Partizipation, Wissenschafts- und Medienfreiheit, Solidarität und Nachhaltigkeit – das alles macht unser Lebensmodell aus. Was unser Lebensmodell mit seinen Grundwerten der Freiheit, Solidarität und Nachhaltigkeit am Weg in die Zukunft absichert, sind nicht möglichst viele Verbote, Einschränkungen und Stoppschilder, sondern demokratisch gelebte Freiheit und Verantwortung.

These 4

Die Ideologisierung von Klimaschutz fördert Technologiefeindlichkeit

Während sich die Klimabewegung einen streng wissenschaftlichen Anstrich gibt, erweisen sich ihre Vorstellungen von einer klimaneutralen Energiezukunft teilweise als Mythen. Die Ideologisierung des Klimaschutzes und die Einschränkung auf wenige akzeptierte Klimaschutz-Instrumente münden in eine Technologiefeindlichkeit, die unsere Handlungsfähigkeit für wirksamen Klimaschutz – und Zukunftsgestaltung insgesamt – massiv behindert.

Es ist eine der offensichtlichen Paradoxien in der Welt vieler Klimaaktivisten: Auf der einen Seite beruft man sich im Kampf gegen den Klimawandel auf wissenschaftliche Erkenntnisse. Auf der anderen Seite ist es mit der Offenheit für Wissenschaft, Forschung und neue Technologien oft nicht weit her. So werden Lösungen wie CO_2-Abspaltung und -Speicherung, die sogar vom Weltklimarat empfohlen werden, von diversen Umwelt- und Klimaorganisationen abgelehnt.

Die Gefahren dieser »Risikotechnologie« seien für Umwelt und Mensch »enorm«[41], heißt es etwa nach wie vor von Greenpeace Österreich. Dabei haben wissenschaftliche Erkenntnisse im vergangenen Jahrzehnt klar bewiesen, dass die CO_2-Speicherung funktioniert. Egal ob CO_2-Abspaltung und -Speicherung, Atomkraft oder grüne Gentechnologie:

Wir können uns nicht leisten, nur einen Teil wissenschaftlicher Erkenntnisse anzuerkennen und in der Folge zu nutzen – andere wissenschaftliche Befunde, die viel zum Klimaschutz beitragen könnten, aber auszublenden.

Dabei hat schon Karl Popper deutlich gemacht, was echte Wissenschaft ausmacht: »Alle Theorien sind Hypothesen, alle können umgestoßen werden. Das Spiel der Wissenschaft hat grundsätzlich kein Ende. Wer beschließt, die wissenschaftlichen Sätze nicht weiter zu überprüfen, der tritt aus dem Spiel aus.«[42]

Wissenschaft ist eben ein systematischer Prozess der Erkenntnisgewinnung, der kritischen Disput fordert und fördert. Alles andere ist Pseudowissenschaft – oder eben Ideologie. Wissenschaft strebt auch nicht nach endgültiger »Wahrheit« – wie Religion und Ideologien –, sondern nach bestmöglichen

Erklärungen auf Basis des jeweiligen Wissensstandes. Ein solches Grundverständnis von Wissenschaft und wissenschaftlichem Arbeiten lassen viele Klimaaktivisten vermissen.

In einem Land, in dem Wissenschaftsskepsis beziehungsweise Desinteresse an Wissenschaft so ausgeprägt ist wie in Österreich, ist die Ideologisierung des Klimaschutzes ein besonders gravierendes Problem. Zur Erinnerung: Das Wissenschaftsbarometer der Österreichischen Akademie der Wissenschaften (ÖAW) hat gezeigt, dass rund ein Drittel (30 %) der Menschen im Land kaum Vertrauen in die Wissenschaft hat.[43]

Ebenso sind die Erwartungen an neue Technologien zur Lösung bestimmter Herausforderungen generell schwächer ausgeprägt als im EU-Schnitt, etwa in den Bereichen der Nanotechnologie, Biotechnologie / Gentechnik oder künstlicher Intelligenz. Dies zeigt, dass es mit der Technologieoffenheit im Land nicht zum Besten steht. Darunter leidet auch die Beforschung von Klimaschutztechnologien: Würden wir in Österreich mit politischer Rücksichtnahme auf technologieskeptische Positionen etwa das Verbot der CO_2-Speicherung verlängern, würde das bedeuten, dass sich Forschung und Wirtschaft gar nicht erst mit der CO_2-Speicherung in Österreich beschäftigen könnten.

Wo Technologieskepsis verbreitet ist, fällt es auch leichter, Mehrheiten für Technologieverbote zu mobilisieren. Das beeinträchtigt unsere Handlungsfähigkeit für wirksamen Klimaschutz und für unsere Zukunft. Viele Menschen wissen gar nicht, welche Technologien überhaupt Beiträge zur Lösung von Problemen leisten könnten.

So führt die bisherige österreichische Debatte, die ja auf nur wenige Klimaschutzinstrumente fokussiert ist, dazu, dass ein Gutteil der Bevölkerung gar nicht über andere Technologien und Ansätze informiert wird.

Einstellungen zu erwarteten Auswirkungen in verschiedenen Wissenschaftsbereichen in Österreich und der EU27 (in Prozent)

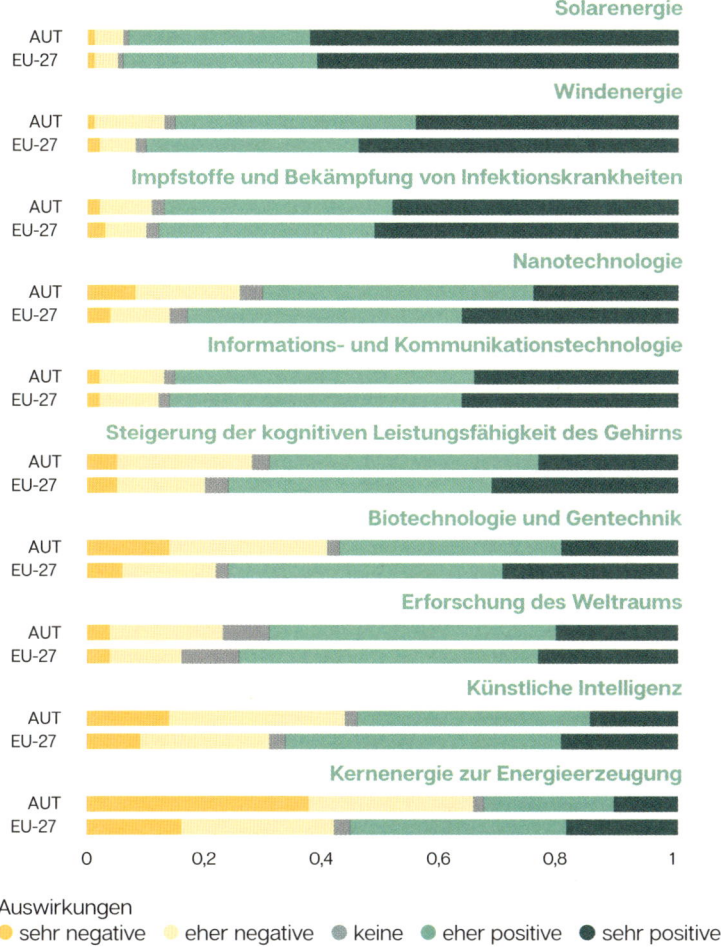

Auswirkungen
● sehr negative ● eher negative ● keine ● eher positive ● sehr positive

Quelle: Starkbaum, J., Auel, K., Bobi, V., Fuglsang, S., Grand, P., Griessler, E., König, T., Losi, L., Seiser, F-., Tiemann, G., Taschwer, K. und Unger, M. (2023). Ursachenstudie zu Ambivalenzen und Skepsis in Österreich in Bezug auf Wissenschaft und Demokratie. Studie des Instituts für Höhere Studien (IHS) in Zusammenarbeit mit der Universität Aarhus im Auftrag des Bundesministeriums für Bildung, Wissenschaft und Forschung (BMBWF)

Eine Umfrage des Linzer Market-Instituts im Auftrag von oecolution austria hat dies klar gezeigt: Die österreichische Bevölkerung fühlt sich bei neuen Klimatechnologien schlecht informiert. So hat nur jeder zweite männliche Österreicher von der Möglichkeit der CO_2-Speicherung unter der Erde gehört, bei den Frauen ist es nur jede Dritte. Wer sich bereits mit dem Thema auseinandergesetzt hat, spricht sich klar dafür aus. Immerhin knapp jede beziehungsweise jeder Zweite geht davon aus, dass eine CO_2-Speicherung besser ist, als das CO_2 in der Luft zu lassen.

Mythen im Reality-Check

Wenn Ideologien über Wissenschaftlichkeit gestellt werden, führt das auch dazu, dass zahlreiche Mythen über eine CO_2-freie Zukunft nicht als solche entlarvt werden.

Josef Urschitz bringt es in der Tageszeitung *Die Presse* auf den Punkt: »Würde man ›der Wissenschaft folgen‹, dann würde man nämlich weniger Kulturkampf betreiben und mehr über ›Klima und Moleküle‹ reden. Dann würden allerdings nicht Politiker die Entscheidungen treffen, die glauben, Strom lasse sich ›im Netz speichern‹, und die meinen, Sonnen- und Windenergie seien extrem billig, weil ›Sonne und Wind keine Rechnung schicken‹.«[44]

Es ist außerordentlich wichtig, ungeprüften Behauptungen Fakten gegenüberzustellen, damit wir dem Klimawandel tatsächlich richtig und wirksam begegnen können. Dominieren Halbwahrheiten die Diskussion, werden vermeintlich einfache Lösungen propagiert, die bewusst Aspekte negieren oder die Komplexität nicht abbilden und somit kontraproduktiv wirken. Nachfolgend einige Beispiele für Mythen, die einer genauen Betrachtung nicht standhalten.

Mythos: »Die Klimaziele lassen sich allein mit Energiesparen erreichen.«

Fakt: Energiesparen ist zweifellos wichtig. Der Gebäudesektor birgt beispielsweise ein hohes Energiesparpotenzial beim Heizen, Kühlen und bei der Warmwasserbereitung. Immerhin ist er für rund 30 % der Treibhausgasemissionen verantwortlich.[45] Darüber hinaus bringt jede Innovation in der Regel auch mehr Effizienz. Ein Beispiel ist die Umrüstung von Glühlampen auf LEDs. Allerdings führt das auch oft dazu, dass wegen des geringen Verbrauches der LEDs heute viele Räume nicht mehr durch eine Lampe erhellt werden, sondern dass Lichtakzente mit vielen Spots gesetzt werden. Das schmälert wiederum den Einsparungseffekt.

ENTWICKLUNG DER STROMBEDARFE NACH SEKTOREN

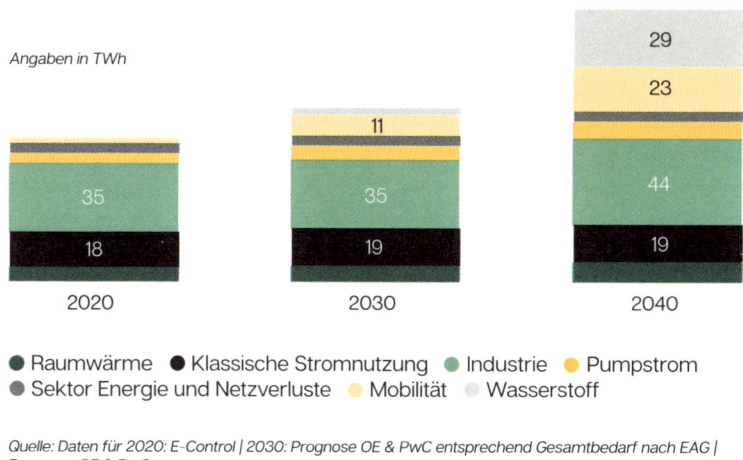

Angaben in TWh

2020 · 2030 · 2040

● Raumwärme ● Klassische Stromnutzung ● Industrie ● Pumpstrom
● Sektor Energie und Netzverluste ● Mobilität ● Wasserstoff

Quelle: Daten für 2020: E-Control | 2030: Prognose OE & PwC entsprechend Gesamtbedarf nach EAG | Prognose OE & PwC

Insgesamt darf der Faktor Energiesparen nicht überschätzt werden. Bei der Energiewende geht es schließlich um eine Verlagerung. Allein der Stromverbrauch in Österreich wird sich bis 2040 mindestens verdoppeln. Die Dekarbonisierung der Sektoren Raumwärme, Industrie und Verkehr wird in den kommenden Jahren der große Treiber des Strombedarfs sein.[46]

Mythos: »Der Strombedarf für die Energiewende kann zur Gänze aus erneuerbaren Energien abgedeckt werden.«

Fakt: Erneuerbare Energien werden eine wichtige Rolle spielen. Aber es wird weltweit auch andere Technologien brauchen, wie Atomkraft. Die schwedische Klimaaktivistin Ia Aanstoot schwimmt gegen den Klimabewegungsstrom und fordert unter Berufung auf den Weltklimarat den Einsatz von Kernenergie: »All die Aktivisten, die normalerweise ›Hört auf die Wissenschaft‹ rufen, sagen auf einmal ›Kernkraft ist schlecht‹ – dabei ist diese Aussage wissenschaftlich kaum haltbar.«[47]

Auf der COP28, der Klimakonferenz 2023, hat eine Gruppe von 22 Staaten zum Ausbau der Atomkraft aufgerufen, darunter auch europäische Staaten wie Frankreich, Belgien, Finnland, Polen, Schweden. Laut dem US-Klimabeauftragten John Kerry ist Klimaneutralität bis 2050 ohne Atomkraftwerke nicht erreichbar. Klima-NGOs ignorieren dies weiter. »Der radioaktive Schein trügt – der tatsächliche Weg zur raschen, kostengünstigen und sicheren Eindämmung der Klimakrise ist erneuerbar«[48], heißt es etwa von GLOBAL 2000.

Entscheidend für die Stromversorgung der Zukunft sind aber natürlich auch Versorgungssicherheit und Stabilität des Netzes.

Die Differenz zwischen benötigter Leistung und der Strommenge, die von den volatilen erneuerbaren Energieträgern nicht produziert werden kann, ist im Winter ein besonderes Problem (»Residuallast«). In den Wintermonaten werden etwa 20 % bis 40 % mehr Strom benötigt als im Sommer. Selbst

MASSIVER AUSBAUBEDARF

Die Realisierung eines vollständig defossilisierten und optimierten Energiesystems erfordert zwangsläufig eine umfassende Erweiterung und Umgestaltung von Produktion, Speicher und Netzen.

Produktion	Heute	Zukünftig
Windkraft	3,2 GW$_{el}$	16 GW$_{el}$
PV	1,7 GW$_{el}$	29,9 GW$_{el}$
Wasserkraft	5,6 GW$_{el}$	8,5 GW$_{el}$
Biogas	<1 GW$_{CH4}$	3,6 GW$_{CH4}$
Holzgas	<1 GW$_{CH4}$	3,2 GW$_{CH4}$
Elektrolyse	<1 GW$_{H2}$	5,3 GW$_{H2}$
Fernwärme	20 TWh	26 TWh

Speicher		
Strom	120 GWh	380 GWh
Gas	1,7 Mrd. m³	2 Mrd. m³
Fernwärme	5 GWh	207 GWh

Verteilnetze		
Strom	10,6 GW	14,1 GW
Gas	26,6 GW	18,7 GW
Fernwärme	6,3 GW	6,6 GW

Quelle: https://www.aggm.at/fileadmin/AGGM/Bilder-Dokumente/Energiewende/ONE100/ONE100-kurzfassung.pdf beim massiven Ausbau von Windkraft und Photovoltaik bräuchte es zur Abdeckung der Lücken sehr große Speicher, Reservekraftwerke und ein effizientes Management zur aktiven Steuerung des Stromverbrauchs (Lastmanagement). Das alles gibt es allerdings noch nicht.

Die nötigen Reserve- beziehungsweise Spitzenlastkraftwerke lassen sich derzeit nur mit Atomkraft, Kohle, Erdgas und Erdöl betreiben. In den benötigten größeren Mengen speicherbar könnte nur Wasserstoff sein. Er kann künftig fossiles Gas ersetzen, steht allerdings noch nicht in ausreichender Menge zur Verfügung. Umso wichtiger ist die konsequente Umsetzung der im Jahr 2022 verabschiedeten österreichischen Wasserstoffstrategie.[49]

Mythos: »Gas ist als Brückentechnologie beim Umbau auf CO_2-neutrale Energiesysteme nicht notwendig.«

Fakt: Gas wird aus Expertensicht noch für eine lange Zeit eine wichtige Rolle im Energiemix spielen (siehe Grafik *Massiver Ausbaubedarf*[50]). Die Nachfrage nach Energie wird weiter steigen. Vor 30 Jahren bestand der globale Energiemix zu 80 % aus fossilen Brennstoffen, heute sind es ebenfalls 80 %. Bis 2050 wird sich die globale Wirtschaft voraussichtlich verdoppeln. »Allein diesen Zuwachs um 100 Prozent erneuerbar zu schaffen, ist eine riesige Herausforderung«[51], so WEF-Energieexperte Roberto Bocca.

Umso wichtiger ist die rasche Umstellung von fossilem Gas auf sogenanntes »Grüngas«. Dazu zählen Biomethan (aufbereitetes Biogas aus Reststoffen wie etwa landwirtschaftlichen Abfällen, Biomüll, Grünschnitt) sowie synthetisches Gas (SNG) und Wasserstoff (H_2), die mit erneuerbaren Energien erzeugt werden. Idealerweise wird dabei auch überschüssiger Sonnen- oder Windstrom genutzt, um beispielsweise Wasserstoff für dringend benötigte Stromspeicher zu produzieren.

Mythos: »Österreich wird bis 2030 100 % Strom aus erneuerbaren Energien produzieren.«

Fakt: Österreichs Stromproduktion soll bis 2030 bilanziell zu 100 % erneuerbar sein. Das Wort »bilanziell« macht einen enormen Unterschied und ist quasi ein rechnerischer Kniff. Denn Österreichs Ziel ist es, beim nationalen Gesamtstromverbrauch über das Jahr einen ausgeglichenen Saldo von importiertem und exportiertem Strom zu erreichen.

Allerdings wurde schon 2018 in der *Mission 2030 – Die österreichische Klima- und Energiestrategie* des damals zuständigen Bundesministeriums Nachhaltigkeit und Tourismus[52] festgelegt, dass Regel- und Ausgleichsenergie zur Stabilisierung des Netzbetriebs für die Berechnung der zu 100 % erneuerbaren Stromversorgung nicht einbezogen wird. Auch Strom zur Eigenversorgung im Bereich der Sachgüterproduktion soll demnach aus Gründen der Ressourceneffizienz weiterhin aus der ressourcenschonenden, effizienten Verwendung von Kuppelprodukten an Firmenstandorten beispielsweise in der Stahl- oder Papierindustrie erzeugt werden. Als Begründung wird angegeben, dass diese Unternehmen ohnehin für ihre CO_2-Emissionen Zertifikate abgeben müssen. Somit müssen die Strommengen aus der Verbundproduktion auch nicht durch zusätzliche Mengen ausgeglichen werden.

Ohne diese beiden Einschränkungen ist selbst das bilanzielle 100 %-Ziel, aber auch die Aufrechterhaltung der Versorgungssicherheit unerreichbar. Wenn Österreich also sein Ziel »100 % bilanziell erneuerbare Stromproduktion bis 2030« erreicht, heißt das, dass wir trotzdem vor allem im Winterhalbjahr weiterhin in beträchtlichem Ausmaß Strom aus ausländischen Kohle-, Atom- und Gaskraftwerken importieren müssen, um unter anderem eine stabile Netzfrequenz zu gewährleisten. Bereits 2022 wurden laut E-Control netto 8,7 Milliarden Kilowattstunden Strom nach Österreich importiert.

Mythos: »Die Energiewende bringt finanzielle Vorteile, weil die Sonne keine Rechnung schickt.«

Fakt: Um bis 2040 100 % der Energieerzeugung auf erneuerbare Energie umzustellen – das ist die Zielsetzung für Österreich –, ist ein gigantischer Investitionsbedarf insbesondere für die Sektoren Energie, Mobilität und Industrie erforderlich. Für die Energiewende müssen bis 2030 mindestens 70 Milliarden Euro investiert werden (siehe Grafik *Investitionen in die Energiewende*). Die Energiewende erhöht die Kosten für Konsumenten massiv. Dies zeigt sich etwa im Bereich der Mobilität. Der ÖAMTC-Expertenbericht *Mobilität & Klimaschutz 2030* zeigt: Würden Verbrennungsmotoren ab 2030 verboten, dann würde das gesamtwirtschaftlich 16 Milliarden Euro kosten. Den Großteil dieser Kosten, nämlich 13 Milliarden Euro, hätten unmittelbar die Konsumenten zu tragen.[53]

Mythos: »Bestehende Stromnetze sind für die Energiewende ausreichend.«

Fakt: Schon heute müssen regelmäßig Windräder abgeriegelt werden, weil zu viel Strom produziert wird. Die Umstellung auf viele kleine dezentrale Erzeuger, die immer dann einspeisen, wenn Wind weht oder die Sonne scheint – unabhängig davon, was gebraucht wird –, bringt unsere Stromnetze immer wieder an die Grenzen. Die Ursachenforschung nach einem totalen Stromausfall Anfang Juni 2023 im Raum Steyr ergab etwa, dass eine Trafostation sich extrem überhitzt hatte, weil mehrere PV-Anlagenbetreiber ihre Lieferbegrenzungen nicht eingehalten hatten. Als Folge dieser thermischen Überbelastung haben die Sicherheitseinrichtungen die Station selbstständig abgeschaltet. Weil viele Ortsnetze durch das Einspeisen von Photovoltaikstrom immer stärker ausgelastet werden, sinken die Netzkapazitäten. Entsprechend ist ein massiver Ausbau der Netze – auf Verteiler- und Übertragungsnetzebene –

wie auch Speicher erforderlich, damit die Energiewende gelingen kann.[54]

INVESTITIONEN IN DIE ENERGIEWENDE

	Investitionsbedarf bis 2030	Mrd. EUR
Erneuerbare Energien	Strom aus erneuerbaren Energien (27 TWh)	25
	Biomethananlagen (7,5 TWh)	2
	Wasserstofferzeugung (4,2 TWh)	2
	Erneuerbare Wärme (6,5 TWh)	12
Öffentliche Energie-infrastruktur	Stromnetz	18
	Stromspeicher	7
	Wasserstoffinfrastruktur	2
	Fernwärmenetz	1,6

~70

Für die Energiewende sind in Österreich **bis 2030 Investitionen von etwa 70 Mrd. EUR** nötig, wobei Teile noch nicht beziffert sind (E-Lade-Infrastruktur).

Das Umweltbundesamt beziffert den **Mehrinvestitionsbedarf 2022–2030 mit 78,6 Mrd. EUR** (Gebäude, Industrie, Energie, exkl. Verkehr).

Quelle: Energieinstitut der Wirtschaft, Umweltbundesamt

Mythos: »Durch erneuerbare Energien reduzieren wir unsere internationale Abhängigkeit.«

Fakt: Wir begeben uns durch den Bedarf an Rohstoffen für die erneuerbaren Energien in neue Abhängigkeiten. Denn die EU bezieht den Großteil ihrer mineralischen Rohstoffe aus Drittländern, insbesondere aus China.

Gleichzeitig wird dieser Abhängigkeit von China aber nicht entgegengewirkt, da in Österreich das Mercosur-Freihandelsabkommen mit Südamerika verhindert wird und eigene Lithiumreserven in der Koralpe nicht geschürft werden dürfen. Die Mercosur-Staaten sind wichtiger Rohstofflieferant für die EU. Chile ist der zweitgrößte Lithiumproduzent der Welt und verfügt über etwa 7,5 Millionen Tonnen Lithiumressourcen. Auch Argentinien hat bedeutende Vorkommen an Mineralien wie Kupfer, Lithium, Gold, Silber und Zink. Brasilien verfügt über Hafnium, Magnesium, Niobium, Silicium-Metall und seltene Erden.

Egal ob Windrad, Photovoltaikanlage oder E-Auto-Batterie – ohne Rohstoffe gelingt keine Energiewende. Die Diversifizierung der Rohstoffquellen hat vor diesem Hintergrund höchste Priorität – wobei es auch ein offenes Geheimnis ist, dass es schwierig wird, ausschließlich mit lupenreinen Demokratien zu kooperieren. Mit dem *Raw Materials Act* will die EU eine Diversifizierung der Lieferketten für mehr Resilienz erreichen. Es sollen künftig mehr Rohstoffe für Europa auch in Europa produziert werden, und für strategische Rohstoffprojekte sind unter anderem beschleunigte Genehmigungsverfahren geplant.

Aktuell dauert es zehn bis fünfzehn Jahre, bis ein Bergbauprojekt in der EU genehmigt wird.

Der Preis für hohe ökologische wie soziale Standards ist die Abhängigkeit von Zulieferländern – besonders von China – die in den vergangenen Jahrzehnten stetig gestiegen ist.

ROHSTOFFANTEIL FÜR TECHNOLOGIEN ZUR ENERGIEWENDE AUS EUROPÄISCHEN QUELLEN

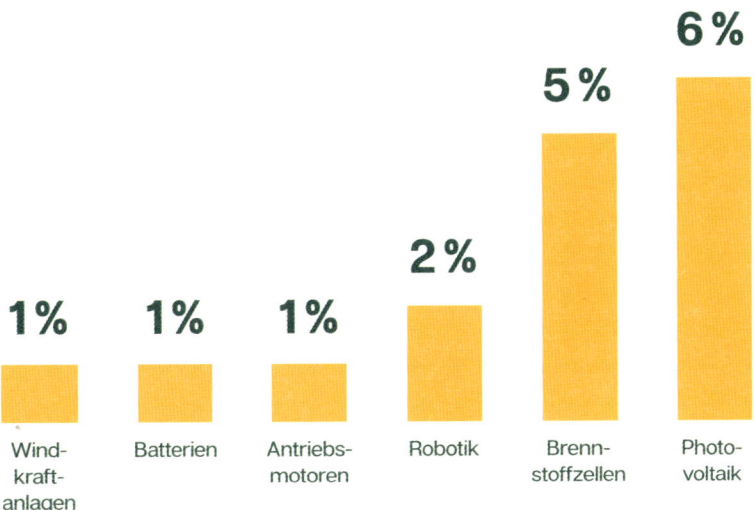

Die Energiewende bringt extrem hohe Importabhängigkeiten mit sich. Lediglich 1 Prozent der Rohstoffe für Windkraftanlagen, Batterien und Antriebsmotoren stammt aus der EU, bei Robotik sind es 2 Prozent, bei Brennstoffzellen 5 Prozent und bei Photovoltaiksystemen 6 Prozent.

Im Rahmen des Critical Raw Materials Act hat die EU-Kommission 24 mineralische Rohstoffe und acht Technologien definiert, die für die Produktion erneuerbarer Energien und für den Ausbau der E-Mobilität von wesentlicher Bedeutung sind.
Bei mindestens 6 der 24 Rohstoffe besteht ein hohes bis sehr hohes Versorgungsrisiko.

Quelle: EY, Fortschrittsmonitor 2022 Energiewende; European Commission (EC 2020), »Critical Raw Materials in Technologies and Sectors in the EU - A Foresight Study«

Mythos: »Mehr erneuerbare Energie bedeutet
weniger Rohstoffverbrauch.«

Fakt: Der Energiesektor entwickelt sich zu einer wichtigen
Kraft auf den Mineralienmärkten – das zeigt eine Studie der
Internationalen Energieagentur IEA.[55] Für die Stromerzeugung
mit Wind und Sonne werden pro Megawatt deutlich mehr
Metalle benötigt als etwa bei einem Gaskraftwerk. Wird für
ein Gaskraftwerk gut eine Tonne Metall (ohne Stahl) verbaut,
sind es bei einem Solarpark rund sechs Tonnen pro Megawatt
und bei einem Offshore-Windpark rund 16 Tonnen. Elektroautos enthalten sechsmal mehr Metalle (ohne Stahl) als ein
Auto mit Verbrennungsmotor. Möchte man die Ziele des
Pariser Klimaabkommens erreichen, so wird sich die Metall-
nachfrage aus dem Energiesektor bis zum Jahr 2040 mindestens vervierfachen.[56]

Jede Art von Rohstoffgewinnung ist zudem sehr energie-
intensiv. Mit dem *Raw Materials Act*[57] der EU soll es für strategische Rohstoffprojekte unter anderem ein beschleunigtes
Genehmigungsverfahren geben.

Mytho: »Erneuerbare Energien sind zu
100 % umweltfreundlich.«

Fakt: Auch erneuerbare Energiequellen verursachen Schäden
für die Umwelt. So sind Solarzellen in der Produktion wenig umweltfreundlich. Auf ein einzelnes Solarmodul entfallen rund ein Kilogramm Kupfer und rund 200 Kilogramm
Bergbauschlämme (mit Arsen, Kadmium, Quecksilber, Blei
und anderen Schwermetallen).[58] Auch Windenergieanlagen
verbrauchen seltene Erden, klimaschädlichen Beton und kost-
bare Flächen. Recycling und Entsorgung sind bei der Windkraft
weitgehend ungeklärt. Außerdem schadet sie dem Vogel-
bestand. Pellets sind ebenfalls nicht klimaneutral. Bei der Verbrennung von Holz werden mehr Schadstoffe freigesetzt als bei

der Verbrennung von Öl oder Gas. Nach einer Schätzung des Weltklimarates (IPCC) liegt das Treibhauspotenzial von Ruß sogar beim bis zu 3200-fachen von CO_2. Insgesamt überwiegen die Vorteile erneuerbarer Energien, aber Nachteile sind Faktum.

Mythos: »Die Energiewende schützt unsere Natur- und Kulturlandschaften.«

Fakt: Die Energiewende wird mit Windrädern, Sonnenkollektoren und vielen anderen Technologien das »Gesicht« unserer Natur- und Kulturlandschaften erheblich verändern. So wird in der Schweiz eine intensive Debatte über Solaranlagen auf Alpengipfeln geführt. Zwei Drittel des Schweizer Energiebedarfs könnten durch solche Anlagen gewonnen werden, sagen Fachleute. Viele alpine Bewohner sind hingegen entsetzt – und wollen diese Projekte verhindern. Menschen haben allerdings schon immer gestaltend in die Natur eingegriffen – vom Acker bis zur Alm. »Natürlichen« Urwald gibt es in Österreich nur in ganz geringem Ausmaß. Auch die Strommasten und -leitungen, die »unsichtbaren« (Atom-)Strom transportieren, sind seit Langem Teil unserer Kulturlandschaften. Wer »Ja« zur Energiewende sagt – und wer tut das nicht? –, muss auch bereit zur Umsetzung technologischer Lösungen sein.

Der Vorstand der Austrian Power Grid AG, Gerhard Christiner, erklärt dazu: »Wir können nicht sagen: wir wollen eine Energiewende, aber wir wollen keine Leitungen und keine Windräder. Überspitzt gesagt: Es hat wenig Sinn am Freitag für ›Fridays for Future‹ zu demonstrieren, wenn dann am Wochenende gegen den Ausbau von Windkraft und Netzanlagen protestiert wird. Das wird so nicht funktionieren.«[59]

Das Floriani-Prinzip ist übrigens nicht nur beim Windausbau, sondern auch bei anderen Energieformen unter dem Kürzel NIMBY (*Not In My Backyard*) verbreitet.

61

Windkraftgegner nehmen Infraschall und Artenschutz-thematiken als Vorwand, um Windräder zu verhindern.[60] Dabei gelingt es ihnen nicht selten, den Bau von Projekten um Jahre hinauszuzögern oder sogar zu verhindern. Die Beschleunigung und Straffung von Verfahren bei der Errichtung von Infrastrukturen für die Energiewende ist daher wichtiger denn je. Wer grüne Energie will, muss auch »Ja« zu grünen Kraftwerken und der Netzinfrastruktur sagen.

Mythos: »Fernwärme ist per se klimaneutral.«

Fakt: Ob Fernwärme wirklich klimaneutral ist oder nicht, hängt von der Art der Wärmeerzeugung ab. Als Brennstoffe für Fernwärme werden nämlich auch Erdöl, Erdgas und Steinkohle eingesetzt. Aktuell werden im Österreichdurchschnitt circa 36 % der Fernwärme mithilfe von Erdgas produziert, der Anteil von Öl und Kohle liegt bei knapp 5 %.

Allerdings variiert der Anteil an Gas bei der Fernwärmeerzeugung zwischen den einzelnen Bundesländern sehr stark. Während in Vorarlberg de facto kaum Gas zum Einsatz kommt, liegt dieser Energieträger in der Fernwärmeaufbringung in Wien zu Spitzenzeiten bei bis zu 65 %.

Für die Fernwärmeerzeugung wird aber auch die Abwärme, die eigentlich als unbeabsichtigtes Nebenprodukt bei diversen Prozessen entsteht, genutzt. Beim Wiener Traditionsbetrieb Manner wird bereits seit 2016 die Abwärme aus dem Backprozess in das lokale Fernwärmenetz eingespeist.[61]

Wird diese Abwärme als Energiequelle für Fernwärme genutzt, ist das klimaschonend und eine effiziente Weise, um CO_2 zu sparen.

Mythos: »Österreich ist frei von Atomstrom.«

Fakt: Der österreichische Strommix enthält bis zu 13 % Atomstrom. Stromherkunftsnachweise werden unabhängig vom verkauften Strom gehandelt. In Österreich ist es möglich, reinen Atomstrom als Ökostrom zu verkaufen. Dafür »muss man sich nur einen Herkunftsnachweis für erneuerbare Energie besorgen«, kritisiert Stefan Moidl, Geschäftsführer der IG Windkraft Österreich. »Je nach Berechnungsmethode liegt der Atomstromanteil dann zwischen 2,8 % und 12,9 %. Diese Unklarheiten könnten mit einem Schlag gelöst werden, wenn die Herkunftsnachweise nicht getrennt vom Strom gehandelt werden dürften.«[62]

Immerhin soll ab 2024 auch ausgewiesen werden, welcher Strom gemeinsam mit den Zertifikaten verkauft wurde.

Mythos: »E-Mobilität ist in Österreich eine breitenwirksame Erfolgsgeschichte.«

Fakt: Allein im Mai 2023 wurden hierzulande 4130 Elektroautos neu zugelassen. Das entspricht einer Verdopplung gegenüber dem Vorjahr. Der Anteil an den Gesamtzulassungen lag damit bereits bei einem Fünftel, so die Statistik Austria.[63]

Im Mai 2022 hatte der Elektroauto-Anteil an den Pkw-Zulassungen noch bei 12,1 % gelegen. Aufgrund der attraktiven Förderungen entfallen die Neuzulassungen aber vorwiegend (circa 80 %) auf Unternehmensflotten – und nicht auf private Nutzer.

Mythos: »E-Fuels brauchen wir nur für die Luft- und Schifffahrt.«

Fakt: Für die weltweit mehr als 27 000 Flugzeuge und 90 000 Schiffe[64] stellen E-Fuels derzeit tatsächlich die einzige CO_2-neutrale Antriebsmöglichkeit dar, da aufgrund der geforderten hohen Energiedichte zumindest kurz- und mittelfristig noch keine technische Alternative zu flüssigen Kraftstoffen absehbar ist.

Diese hohe Energiedichte einerseits und die Speicherbarkeit sowie Transportierbarkeit bei Raumdruck und -temperatur andererseits machen die E-Fuels zu den *hidden champions* der erneuerbaren Energien. Denn man kann E-Fuels mit grünem Strom weltweit einfach und wirtschaftlich erzeugen und mit bereits vorhandenen technischen Mitteln dorthin transportieren, wo sie gebraucht werden. Damit können klassische fossile Kraftstoffe wie etwa Diesel beim Betrieb von Notstromaggregaten, Einsatzfahrzeugen, Pistenraupen und vielem mehr unkompliziert und CO_2-neutral durch synthetische Kraftstoffe ersetzt werden.

Weltweit kommt den E-Fuels wie auch dem Wasserstoff in sogenannten Power-to-X-Verfahren eine große Bedeutung zu. Die E-Fuels können dabei als Speicher für Stromüberschüsse aus erneuerbaren Energien genützt werden (zum Beispiel bei der Stromerzeugung in der Wüste). Die überschüssige Energie kann damit in unbegrenzt lager- und vorratsfähige Energieträger sowie Vorprodukte für die chemische Industrie umgewandelt werden.

Mythos: »Die Energiewende braucht im Mobilitätsbereich keine E-Fuels, sondern nur E-Mobilität.«

Fakt: Die komplette Umstellung des Verkehrssektors auf E-Mobilität ist derzeit schlichtweg nicht möglich. Zum einen, weil Batterietechnologien nicht für alle Einsatzgebiete vorhanden sind. Zum anderen, weil die Aufbringung von ausreichend Ökostrom im Winter eine noch ungelöste Herausforderung darstellt. In Anwendungsbereichen wie etwa dem Flugverkehr, der Hochseeschifffahrt oder dem Schwerverkehr, für die Batterieantriebe aus jetziger Sicht nicht infrage kommen, sind E-Fuels Alternativen.

Darüber hinaus werden E-Fuels für den Pkw-Verkehr eine wichtige Brückentechnologie sein, bis die technologischen Grundlagen für effiziente E-Mobilität weltweit vorhanden sein werden. Denn sie ermöglichen es, Bestandsfahrzeuge deutlich umweltfreundlicher zu betreiben. Ebenso kann beim Einsatz von E-Fuels die bestehende Lager-, Transport- und Betankungsinfrastruktur übernommen werden.

Ernst Ulrich von Weizsäcker, einer der Vordenker der Nachhaltigkeits- und Umweltbewegung, verweist darauf, dass Elektroautos für arme Länder gar nicht als flächendeckende Lösung funktionieren können, weil es dort oft nicht genug Strominfrastruktur gibt. Jedoch bestehe dort durchaus ein Markt für klimaneutrale Verbrennungsmotoren.[65] Gemeinsam mit dem Philosophen und ehemaligen deutschen Politiker Julian Nida-Rümelin hält von Weizsäcker E-Fuels gar für eine »moralische Pflicht«[66] der Menschheit.

Eine besondere Qualität von E-Fuels ist deren Drop-in-Möglichkeit: Sie können je nach Verfügbarkeit konventionellen Kraftstoffen beigemischt werden und diese schrittweise ersetzen. Der Einsatz von E-Fuels ist daher mit Blick auf die Reduktion von CO_2-Emissionen global gesehen von großer Bedeutung. Weltweit gibt es 1,5 Milliarden Fahrzeuge, davon nur 27 Millionen Elektro- und Hybridfahrzeuge.

Gerade in ärmeren Ländern sind Autos oft besonders lange im Einsatz. Es macht für das Klima einen großen Unterschied, ob 1,5 Milliarden Fahrzeuge noch jahrelang mit fossilen Kraftstoffen oder schrittweise mit E-Fuels betrieben werden. Dazu kommt: Weltweit haben immer noch 733 Millionen Menschen keinen Zugang zu Elektrizität. Bei den derzeitigen Fortschritten werden bis 2030 noch 670 Millionen Menschen ohne Strom sein. Viele haben gerade einmal genügend Strom, um ein Handy zu laden – aber sicher kein Auto.

Mythos: »Wenn Europa die CO_2-Emissionen drastisch verringert, dann wird dadurch das Weltklima beeinflusst.«
Fakt: Für das Weltklima ist es zwar nahezu bedeutungslos, was Deutschland, Österreich und die Schweiz an CO_2-Emissionen verringern. Auch der gesamte Einsparungsbeitrag Europas

zu den CO_2-Emissionen ist im Verhältnis zu den Zuwächsen für das Weltklima nicht bedeutsam. Dazu kommt, dass CO_2 aufgrund komplexer Prozesse zwar zum Teil binnen Jahrzehnten abgebaut wird, erhebliche Teile aber noch viel länger in der Atmosphäre verbleiben.[67] Wie oben bereits beschrieben sind 1000 Jahre nach seiner Emission noch etwa 15 % bis 40 % des CO_2 in der Atmosphäre übrig.[68]

Aber das alles darf keine Ausrede sein, nichts zu tun. Es benötigt internationale Vorreiter, die zeigen, dass signifikante CO_2-Einsparungen möglich sind, ohne dass die Wirtschaft und der Wohlstand zusammenbrechen. Außerdem: Weniger Emissionen bremsen die Geschwindigkeit der Erderwärmung ein. Dass unser Handeln positive Effekte hat, steht außer Frage: Vergleicht man die CO_2-Emissionen, die aufgrund der inländischen Produktion in Österreich entstanden sind, so zeigt sich, dass diese zwischen 2010 und 2018 von 71 Millionen Tonnen auf 65 Millionen gesunken sind, was einer Reduktion von 9 % entspricht.[69]

Mythos: »Der Klimawandel ist weltweit die dringendste Herausforderung.«

Fakt: Viele Schwellen- und Entwicklungsländer kämpfen gegen Hunger, Armut, Korruption und Gewalt. Sie streben zuallererst ihre Grundversorgung mit Lebensmitteln, sauberem Trinkwasser sowie Gesundheitsdienstleistungen und Bildungsangeboten an. In der Prioritätensetzung steht die Erderwärmung dort nicht an erster Stelle. Nicht umsonst hat die UNO 17 Ziele für nachhaltige Entwicklung formuliert, die neben bezahlbarer und sauberer Energie die Bekämpfung der Armut und Reduzierung von Ungleichheiten bis 2030 in den Vordergrund stellen.[70]

Der Ökonom und österreichische Arbeits- und Wirtschaftsminister Martin Kocher merkt an, »von stark wachsenden

Staaten in Asien oder im globalen Süden zu erwarten, dass sie Annehmlichkeiten wie Klimaanlagen, Individualverkehr etc. gar nicht in Anspruch nehmen, um einen Anstieg an Treibhausgasemissionen zu verhindern, ist wohl beides, naiv und sogar ein wenig post-kolonialistisch. Ganz abgesehen davon, dass umfangreicher Verzicht auch in reichen Gesellschaften kein Mehrheitsprogramm ist.«[71]

Ökonomisch wäre es aus seiner Sicht jedenfalls effizienter, wenn reiche Staaten möglichst umfangreich Emissionsreduktionsmaßnahmen in weniger entwickelten Staaten unterstützen oder finanzieren würden, weil dort die Kosten der Reduktion geringer sind.

Der Wandel hin zu nachhaltiger Energiegewinnung und mehr Effizienz wird bereits von der Österreichischen Entwicklungszusammenarbeit (Austrian Development Agency) gefördert, indem sie lokale Akteure unterstützt: Das Unternehmen Jaza Energy beispielsweise baute in Tansania ein landesweites Netz von Solarenergie-Zentren auf, und in Malawi entwickelte das Start-up Green Impact Technologies eine Lösung, mit der aus Biomüll Energie gewonnen werden kann.

Auf einem Gemüsemarkt und damit direkt dort, wo dieser Müll anfällt, wandelt das Unternehmen biologisch abbaubare Abfälle in Biogas um. Die saubere Energie wird gespeichert und an lokale Haushalte, Restaurants und andere Betriebe verteilt.[72]

Mythos: »Erneuerbare Energien bringen ein neues ›Jobwunder‹.«

Fakt: Dafür fehlen die Arbeitskräfte. Fachleute schätzen, dass in Österreich bis 2030 rund 100 000 Fachkräfte in sogenannten »Green Jobs« gebraucht werden.

Eine Market-Studie im Auftrag von oecolution austria unter 500 Jugendlichen zwischen 15 und 29 Jahren zeigt:

Der Informationsmangel über »Green Jobs« ist hoch. Insgesamt 81 % der österreichischen Jugendlichen würden sich daher mehr Informationen zu den Zukunftsberufen wünschen.

Mythos: »Eine CO_2-neutrale Welt bis 2050 ist nur durch den Umstieg auf erneuerbare Energien möglich.«
Fakt: Der Umstieg auf erneuerbare Energien ist der vielleicht wichtigste Hebel für CO_2-Neutralität, wird aber alleine nicht reichen. Trotz der unbestrittenen Priorität, Emissionen zu verhindern und zu reduzieren, wird es unter anderem notwendig sein, bereits emittiertes CO_2 wieder aus der Atmosphäre zu holen und zu speichern, da es sonst mehr als 1000 Jahre in der Atmosphäre verbleibt.[73]

Die CO_2-Speicherung ist eine vom Weltklimarat (IPCC) empfohlene Methode zur Reduzierung von CO_2-Emissionen. Das abgeschiedene CO_2 wird dabei in poröse Gesteinsschichten injiziert. Dort füllt es die Poren und kann sich zwischen den Gesteinspartikeln ausbreiten. Das CO_2 reagiert mit dem porösen Gestein, wodurch eine Kombination aus physikalischer Adsorption und chemischer Reaktion entsteht. In den Poren des Gesteins wird das CO_2 dauerhaft eingeschlossen und kann nicht mehr in die Atmosphäre entweichen. Österreich verfügt laut Experten über hervorragende Rahmenbedingungen für derartige Lagerstätten. Deren Exploration würde aber bis zu zehn Jahre in Anspruch nehmen. Wird jetzt nicht mit der Beforschung und Exploration begonnen, kann Österreich in Zukunft nicht auf diese wichtige Klimaschutz-Technologie zurückgreifen.

Norwegen zeigt übrigens bereits heute erfolgreich vor, wie sich CO_2 unterirdisch speichern lässt. Namhafte österreichische Unternehmen stünden bereit, um sich mit der Exploration von CO_2-Speichern im Inland zu beschäftigen, wenn dies gesetzlich erlaubt wird. Kommt es jedoch zur Fortsetzung des Verbots, sich mit dieser Technologie auseinanderzusetzen, würde dies dem Klimaschutz und der Wertschöpfung in Österreich nachhaltig schaden. Aber selbst wenn wir zum Schluss kämen, dass wir in Österreich kein CO_2 speichern wollen, so braucht es dringend Zwischenlager und eine CO_2-Leitung beispielsweise nach Norwegen. Effektives Carbon-Management braucht jedenfalls eine entsprechende Infrastruktur, die CO_2 sicher vom Ort seiner Entstehung zu den Orten seiner anderweitigen Nutzung oder Speicherung transportiert.

Diese beispielhaften Mythen machen deutlich, dass die Energiewende, so wie sie propagiert wird, ein Projekt mit ungewissem Ausgang ist. Es ist noch viel Aufklärungsarbeit nötig, damit wir uns beim Kampf gegen den Klimawandel darauf konzentrieren, was uns wirklich weiterbringt. Das, was die Zukunft berechenbarer und gestaltbarer macht, sind nicht Erzählungen und Behauptungen, sondern erfolgreich entwickelte und umgesetzte Technologien.

Mehr Zukunft durch Technologie- und Wissenschaftsfreundlichkeit

»Technologieoffenheit« ist zweifellos ein viel strapazierter Begriff. Für die einen ist er ein Freibrief, um auf zumindest »problematische« Technologien zu setzen. Für andere wiederum nur eine »Ausrede«, um notwendigen Einschränkungen aus dem Weg zu gehen. Der Blick in die Geschichte zeigt, was »Technologieoffenheit« wirklich ist: der Schlüssel für die Zukunft. Die Geschichte der Menschheit ist vom Faustkeil bis zum Handy eine technologische Erfolgsgeschichte.

Technologien haben uns seit jeher in allen Bereichen neue Chancen eröffnet – von Gesundheit und Ernährung bis zu Wohlstand und sozialer Sicherheit. Umso wichtiger ist es, Technologieoffenheit in allen Bereichen zu fördern und zu fordern.

So ist der Vorstoß der EU-Kommission, die Regeln für die sogenannte »Grüne Gentechnik« dem technologischen Fortschritt anzupassen, sehr zu begrüßen. Tatsächlich wurden in den vergangenen zwei Jahrzehnten die Methoden zur Anwendung gentechnischer Verfahren im Bereich der Pflanzenzüchtung so verbessert, dass das extrem strenge Regelwerk von 2001 nicht mehr zeitgemäß ist.

»Die Entwicklung der Gen-Editierung mit der ›Genschere‹ (CRISPR/Cas) ist ein Meilenstein der Wissenschaftsgeschichte. [...] Die Gen-Editierung basiert auf einem natürlichen molekularbiologischen Prinzip, bei dem bereits vorhandene Gene gezielt verändert werden. Ähnliche Veränderungen könnten auch durch konventionelle Züchtung auftreten, sind durch konventionelle Methoden jedoch wesentlich langsamer zu erreichen und müssten durch langwierige Auslese nach dem Prinzip von Versuch und Irrtum von gleichzeitig auftretenden ungewollten Veränderungen getrennt werden«[74], hielten dazu Wissenschaftler der Österreichischen Akademie der Wissenschaften in einem offenen Brief fest.

Die Potenziale der modernen Gentechnik sind groß: Grüne Gentechnik kann Antworten auf Hungersnöte und auf die Herausforderungen des Klimawandels für die Landwirtschaft liefern. Klimarobuste Sorten in der Landwirtschaft, die mehr Ertrag mit weniger Düngung und besserer Schädlingsresistenz verbinden, haben echtes Gamechanger-Potenzial.

Es wäre verantwortungslos, durch ein pauschales Nein zu dieser Technologie auf diese Chancen zu verzichten. Gerade für die Erreichung der globalen Nachhaltigkeitsziele der Vereinten

Nationen kann grüne Gentechnik viel bewegen. Detail am Rande: Während CRISPR/Cas verboten ist, ist die Strahlenmutagenese seit den 1950ern zur Genmutation erlaubt. Dabei wird die DNA mit radioaktivem Material so lange beschossen, bis zufälligerweise eine interessante Mutation entsteht.

In Zusammenhang mit CRISPR/Cas ist übrigens schon die nächste Entwicklung in der Pipeline. Chinesische Entwickler beschäftigen sich mit einem proteinbasierten Ansatz, der auf die sogenannte »Guide-RNA« – ein künstlich hergestelltes RNA-Molekül für CRISPR – verzichtet. Die neue Methode verwendet ein »Proteinsignal«, um den Editor in das Zellinnere zu transportieren.[75] Damit wird die Gen-Editierung ohne jegliche »Schnitte« wie bei der Genschere möglich sein.

Allerdings gibt es gegenüber der »grünen Gentechnik« von Klimaaktivisten, aber auch von der österreichischen Regierung, massive Vorbehalte: »Wir werden […] uns daher mit aller Kraft in Brüssel dafür einsetzen, dass auch weiterhin strenge Regeln für gentechnisch veränderte Pflanzen und Lebensmittel gelten«[76], erklärten die Minister Leonore Gewessler, Johannes Rauch und Norbert Totschnig im Sommer 2023 in einer Pressemitteilung.

Dabei könnte Gentechnik sehr viel gegen Mangelernährung und Hunger in der Welt bewirken. *Welt*-Autor Axel Bojanowski fasst empört zusammen: »Eine gentechnisch veränderte Reissorte könnte das Leben Tausender Kinder retten. Doch nun hat Greenpeace die Aussaat verhindert, wegen angeblicher Gesundheitsrisiken. Typisch: Die Ökoaktivisten scheren sich weder um Wissenschaft noch um das Gemeinwohl. Ihre Agenda ist eine ganz andere.«[77]

Dabei wäre es sehr hilfreich – für Klima und Wohlstand –, Kräfte zu bündeln und Rahmenbedingungen zu verbessern, damit uns Technologien neue Zukunftschancen eröffnen können. Die Bandbreite reicht von der Energiegewinnung bis hin zur Mobilität.

Technologieoffenheit macht den Unterschied – und das nicht erst seit heute. Technologien waren und sind seit jeher ein wichtiger Treiber für menschliche, gesellschaftliche und wirtschaftliche Weiterentwicklung. Technologien und deren Weiterentwicklung einschränken zu wollen, ist nicht nur unwissenschaftlich und unwirtschaftlich, sondern in jeder Hinsicht zukunftsfeindlich.

Technologien sind nicht per se »gut« oder »böse«, »moralisch« oder »unmoralisch«, »richtig« oder »falsch«. Ideologische Kategorien haben in ihrer Bewertung nichts zu suchen. Das zeigt auch die Empirie: Wissenschafts- und Technologiefeindlichkeit haben bisher immer in Stagnation und Rückschritt gemündet. Es kommt vielmehr immer darauf an, wie wir neue Technologien nutzen – und dass wir sie so entwickeln, dass ihre Anwendungen unseren demokratisch vereinbarten Zielen und ethischen Werten bestmöglich entsprechen.

Europa hat in vielen Forschungsbereichen beste Voraussetzungen, die wir nicht durch Verbote und Restriktionen verspielen dürfen. Dafür wären uns höchstens die USA oder China dankbar. Technologie- und Wissenschaftsfreundlichkeit erhöhen unsere Handlungsfähigkeit.

Klimaaktivismus als Herausforderung für die Wissenschaft

Es ist ein offenes Geheimnis, dass der Klimaaktivismus auch Konflikte im Wissenschaftsbetrieb mit sich bringt. Zahlreiche Wissenschaftler unterstützen Aktionen von Klimaklebern persönlich, die Grenzen zwischen objektiver Wissenschaft und Aktivismus verschwinden. »Scientists for Future« tragen den

Aktivismus schon im Namen. Sie verschieben die Trennlinie zwischen Wissenschaft und Politik gezielt.

Steigert dies den Stellenwert der Wissenschaft als allgemein anerkanntes Instrument zur Erkenntnisgewinnung in der breiten Bevölkerung? Wohl eher nicht. Sondern es verstärkt eher die – leider – weitverbreitete Skepsis gegenüber Wissenschaft.

Auch unter diesem Aspekt gilt, dass Aktivismus und ideologische Bekenntnisse der Wissenschaft mehr schaden als nützen. Eine »Gegenbewegung« im akademischen Bereich zeichnet sich noch nicht ab, doch wächst die interne Kritik von Wissenschaftlern an aktivistischen Praktiken – nicht nur im Klimabereich – deutlich.

Der Präsident der Österreichischen Akademie der Wissenschaften, Heinz Faßmann, hat dazu eine klare Position: »Die Wissenschaft ist im Hörsaal und der Aktivismus auf der Straße zu Hause. Für eine spezifische politische Bewegung Partei zu ergreifen – das passt nicht zum Objektivitätsanspruch der Wissenschaft.«[78]

Aktivistische Positionen aus dem wissenschaftlichen Bereich stehen auch deshalb zur Debatte, weil manche »Wissenschaftsstars« mit Positionen auffallen, die – vorsichtig gesagt – irritierend wirken. Ein Beispiel ist Volker Quaschning, Professor für den Studiengang Regenerative Energiesysteme an der Hochschule für Technik und Wirtschaft Berlin. Er meint zwar, Demokratie sei eine »gute Sache«. Sie habe starke Selbsterhaltungskräfte und könne radikale Veränderungen abfedern. Ob sie jedoch in der Lage sei, adäquat auf die Klimakrise zu reagieren, wisse er nicht.[79]

Kritik ist auch aus einem anderen Grund notwendig: Auch die Frage, wie man die Freiheit der Lehre am schnellsten aushebelt, stellt sich heute anders als bisher. Es sind nicht opulente Drittmittel oder kapitalismusfreundliche Lehrende, sondern aktivistische Einsätze und Uni-Besetzungen, welche heute die Lehre beeinflussen. Sie haben etwa zur Folge, dass ab 2024 alle Studierenden an der Uni Barcelona ein Klimamodul absolvieren müssen. Dies wurde bei einer Uni-Besetzung mit der Uni-Führung »ausverhandelt«.[80]

Was diese Art der Einflussnahme bedeutet, verdeutlicht ein hypothetisches Beispiel aus einem ganz anderen Themenfeld: Stellen wir uns vor, aus Protest gegen die weithin mangelnde Finanz- und Wirtschaftsbildung in der Bevölkerung würden Aktivisten eine geisteswissenschaftliche Fakultät besetzen – und nach Verhandlungen mit der Uni-Führung erzwingen, dass alle Studierenden künftig ein verpflichtendes Wirtschaftsmodul absolvieren müssten. Der akademische und mediale Aufschrei wäre vorprogrammiert. Aus sehr guten Gründen.

Wenn Klimathemen den künftigen Studierenden im Rahmen von Zwangsveranstaltungen eingebläut werden sollen, zeigt das deutlich, was in der Debatte um Klima und Unis falsch läuft. Es kann aber nicht darum gehen, dem akademischen Nachwuchs vorzugeben, wie (ideologisch) er über Klimathemen zu denken hat. Es geht darum, die Freiheit von Wissenschaft und Forschung für Innovationen und Technologien zu nützen, um wirksamen Klimaschutz voranzutreiben.

Gerade wir in Österreich haben ein großes Potenzial – vom Wasserstoff bis zu synthetischen Treibstoffen –, durch wissenschaftliche Forschung international relevante Fortschritte für den Klimaschutz möglich zu machen. Eine besondere Rolle könnte dabei unter anderem die Forcierung von Spin-offs spielen, die wissenschaftliche Erkenntnisse in anwendbare Innovationen und umsetzbare Zukunftstechnologien transformieren. Hier warten noch große Chancen auf uns.

Die Freiheit von Wissenschaft und Forschung und die damit verbundenen Lösungspotenziale sind mit Blick auf den Klimaschutz wichtiger denn je. Umso wichtiger ist eine breite Basisfinanzierung der Universitäten, damit auch Forschung abseits des Mainstreams möglich ist.

»Sowohl dieser Mainstream als auch die Frage nach dem Woher und dem Wohin des Fördergelderflusses ist ein Ausdruck von Deutungsmacht, der auf eine gewisse Art die Freiheit der Forschung einschränkt«[81], bilanziert die amerikanische Kommunikations- und Medienwissenschaftlerin und Rektorin der Universität Rostock, Elizabeth Prommer.

Sie spricht damit ein Thema an, das in der Forschung nicht neu ist – aber gerade im Klimakontext hochaktuell ist: Es waren und sind gerade die Forschungsprojekte, die auf den ersten Blick *out of the box* waren, die wirklich substanzielle Neuerungen gebracht haben. Solche Forschung – und daher auch die Mittel dafür – brauchen wir angesichts des Klimawandels mehr denn je.

These 5

Die Instrumentalisierung von Gerichten und Medien durch die Klimabewegung ist ein Problem

Gerichte und Medien sind für Klimaaktivisten vor allem eines: Werkzeuge zur Durchsetzung ihrer Interessen. So sollen Gerichte politische Entscheidungen zu Klimafragen im Namen der Zukunft aushebeln, oder es wird versucht, den Medien zu verordnen, wie Klimathemen zu framen sind. Die einseitige Instrumentalisierung von Institutionen entwickelt sich zum Problem für Rechtsstaat und öffentlichen Diskurs.

In der perfekten Welt von Klimaaktivisten spielen Prinzipien und Verfahren der repräsentativen Demokratie offenbar eine untergeordnete – oder zumindest deutlich weniger wichtige – Rolle als heute (siehe auch These 3). Zwei andere Institutionen sind hingegen noch viel wichtiger geworden:

- Die Gerichte, weil sie Klimaschutz auf allen Ebenen einklagbar machen – und den Gesetzgeber direkt zu gesetzlichen Maßnahmen verpflichten.
- Die Medien, indem sie durch eine entsprechende Veränderung journalistischer Regeln und Standards laufend für die nötige Bewusstseinsbildung in Klimafragen sorgen sollen – dies natürlich im Sinne des Klimaaktivismus. Das Thema Klima soll der wichtigste Nachrichtenwert sein, alle Themen werden in einen Zusammenhang mit Klimathemen gestellt.

So würden Gerichte und Medien in der Logik der Klimaaktivisten helfen abzusichern, dass sich die Klimapolitik in die richtige – in ihre – Richtung bewegt: in Richtung einer rigiden Verbotspolitik, die medial positiv begleitet und verstärkt wird.

Klimaklagen unter dem Vorwand der Generationengerechtigkeit

So hat zum Beispiel ein vor dem UN-Ausschuss für Kinderrechte vorgestelltes Rechtsgutachten im Sommer 2023 für mediale Schlagzeilen gesorgt:[82] Staaten könnten ihm zufolge

»zur Verantwortung gezogen werden«, wenn sie Umwelt- und Klimawandelschäden zulassen und so das Recht von Kindern auf eine saubere, gesunde und nachhaltige Umwelt verletzen. »Zur Verantwortung ziehen« bedeutet bei diesen Rechtsgutachten allerdings nicht, dass Regierungen verklagt werden können. Laut UN-Kinderhilfswerk UNICEF gehe es um ein starkes Signal an die Regierungen, dass sie ihren Verpflichtungen nachkommen müssen. Für juristische Laien war der Unterschied zwischen rechtlicher und politischer Dimension in der Berichterstattung wohl kaum erkennbar.

Vorbildwirkung für die Bemühungen von Klimaaktivisten, die Gerichte für ihre Anliegen zu nutzen, ist darüber hinaus zweifellos die teilweise Aufhebung des deutschen Klimaschutzgesetzes im Jahr 2021 nach einer entsprechenden Klage.[83]

Laut Urteil des Höchstgerichts war das deutsche Klimaschutzgesetz aus dem Jahr 2019 in Teilen nicht mit den Grundrechten vereinbar. Sie bemängelten, dass darin ausreichende Vorgaben für die Minderung der Emissionen ab dem Jahr 2031 fehlten. Da in dem Gesetz lediglich bis zum Jahr 2030 Maßnahmen für eine Emissionsverringerung vorgesehen sind, würden die Gefahren des Klimawandels auf Zeiträume danach und damit zulasten der jüngeren Generation verschoben. Einen Anstieg der globalen Durchschnittstemperatur wie geplant auf deutlich unter 2 °C und möglichst auf 1,5 °C zu begrenzen, sei dann nur mit immer dringenderen und kurzfristigeren Maßnahmen machbar – womit die zum Teil sehr jungen Beschwerdeführenden in ihren Freiheitsrechten verletzt würden.

»Von diesen künftigen Emissionsminderungspflichten ist praktisch jegliche Freiheit potenziell betroffen, weil noch nahezu alle Bereiche menschlichen Lebens mit der Emission von Treibhausgasen verbunden und damit nach 2030 von drastischen Einschränkungen bedroht sind«, so das Bundesverfassungsgericht.

Zur Wahrung grundrechtlich gesicherter Freiheit hätte der Gesetzgeber Vorkehrungen treffen müssen, »um diese hohen Lasten abzumildern«[84].

Bei seiner Entscheidung bezog sich das Gericht auf Artikel 20a des Grundgesetzes, in dem es heißt: »Der Staat schützt auch in Verantwortung für die künftigen Generationen die natürlichen Lebensgrundlagen und die Tiere im Rahmen der verfassungsmäßigen Ordnung durch die Gesetzgebung und nach Maßgabe von Gesetz und Recht durch die vollziehende Gewalt und die Rechtsprechung.«[85]

Daher wurde der deutsche Gesetzgeber höchstrichterlich verpflichtet, bis Ende 2022 die Minderungsziele der Treibhausgasemissionen ab 2031 besser zu regeln. Die bis 2030 festgelegten Klimaschutzziele wurden dabei nicht beanstandet. Außerdem stellten die deutschen Höchstrichter fest, dass bei der Abwägung der Grundrechte »das relative Gewicht des Klimaschutzgebots in der Abwägung bei fortschreitendem Klimawandel weiter zu(nimmt)«[86].

Auch in Österreich wurde der Rechtsstaat zur Durchsetzung klimapolitischer Verschärfungen bemüht. Im Februar 2023 zogen zwölf Kinder und Jugendliche mit einer Klimaklage vor den österreichischen Verfassungsgerichtshof, weil die Bundesregierung durch fehlende Klimaschutzmaßnahmen ihre Zukunft gefährde. »Es ist eine beispiellose Klimaklage, die weitreichende Folgen haben könnte«[87], hieß es vonseiten der Initiatoren.

Bei der Klage beriefen sich die fünf- bis sechzehnjährigen Kläger auf ihre Kinderrechte. Das nahezu unwirksame Klimaschutzgesetz von 2011 verletze ihre Kinderrechte. Es führe aufgrund gravierender Mängel nicht zum Rückgang der Treibhausgasemissionen und sei nicht in der Lage, die Kinder vor den lebensbedrohlichen Folgen der Klimakrise zu schützen. Damit sei das Klimaschutzgesetz verfassungswidrig, so die Argumentation.

Das österreichische Verfassungsgericht wies die Klage Ende Juni 2023 aus formalen Gründen bekanntlich zurück. Der Antrag sei zu eng gefasst gewesen. Es wurden nicht alle Teile des Gesetzes angefochten, die jedoch untrennbar zusammenhängen würden, hieß es. Der Verfassungsgerichtshof dürfe einer Norm durch Aufhebung bloßer Teile auch keinen völlig veränderten Inhalt verleihen. Eine Aufhebung des Klimaschutzgesetzes im angefochtenen Umfang hätte unter anderem zur Folge, dass der Bund nicht nur für die Führung von Verhandlungen über Klimaschutzmaßnahmen, sondern für diese Maßnahmen insgesamt verantwortlich wäre. Der Verfassungsgerichtshof könne dem Gesetzgeber einen solchen Gesetzesinhalt aber nicht unterstellen.[88]

In der Folge kündigte die beteiligte Rechtsanwältin weitere Verfahren an. Kritisiert wurde vonseiten der Klimaaktivisten, dass der österreichische Rechtsstaat somit weiterhin auf eine Aushöhlung der Grundrechte zusteuere.[89]

Aber ist das wirklich so? Oder ist es nicht vielmehr umgekehrt, dass sich Klimaaktivisten ihre ideale Welt so zurechtklagen wollen, dass »politische« Urteile der Höchstrichter demokratische Entscheidungen ersetzen?

Wie fragwürdig solche Klagen zur Erreichung politischer Ziele sind, zeigt sich im hypothetischen Vergleich mit anderen Themen: Warum klagen wir nicht im Namen der Kinder deren Recht auf künftigen Wohlstand ein? Auf einen wettbewerbsfähigen Standort, der diesen Wohlstand sichert? Oder auf ein zukunftsfähiges Pensionssystem?

Es ist im Sinn des Prinzips der Gewaltenteilung auch befremdlich, dass die österreichische Justizministerin Alma Zadić beim »Klimaschutz als Menschenrecht« Hoffnungen in den Verfassungsgerichtshof als »negativen Gesetzgeber« setzt – nach dem Motto: »Was Regierungen nicht zustande bringen, das könnten Klagen dort erreichen.«

Wollen wir unsere Gerichtssäle tatsächlich als Megafon für politische Forderungen instrumentalisieren lassen? Soll strategische Prozessführung anstatt demokratisch legitimierter Politik gesellschaftliche und politische Entscheidungen herbeiführen?

Michael Lysander Fremuth, Direktor des Ludwig-Boltzmann-Instituts für Grund- und Menschenrechte, stellt hingegen klar, dass Gerichte die Klimakrise nicht alleine lösen können. Die Gerichte müssten »den Ball zurück an die Gesetzgeber und damit auch an das Volk und die Bevölkerung«[90] spielen. Es braucht laut Fremuth Bewusstseinsbildung, Abfederung für soziale Härten sowie ein Vertrauen in den technologischen Fortschritt. Außerdem seien die Menschen als Konsumenten gefragt und müssten unter anderem bereit sein, einen Preis zu zahlen, der die realen Folgekosten von Produkten abbildet.

Fest steht jedenfalls, dass derartige Klagen mit umfassender Generationengerechtigkeit nichts zu tun haben. Generationengerechtigkeit ist aus drei Gründen mehr:

- Die künftigen Generationen sollen von einer möglichst intakten Umwelt ebenso profitieren können wie von breitem Wohlstand und sozialer Sicherheit. Die beiden letzteren Themen brauchen Wertschöpfung und wirtschaftliche Stärke. Wer sich nur auf das ökologische Ziel reduziert und die anderen Ziele vernachlässigt, handelt nicht generationengerecht. Eine ökologisch korrekte, verarmte Subsistenzwirtschaft ist wohl kaum die Wirtschafts- und Gesellschaftsform, in der die Generation Z und ihre Nachfolger ihre Ansprüche an die Zukunft verwirklicht sehen.
- Energiewende und Klimaschutz erfordern in den nächsten Jahren in Europa massive Investitionen im mehrstelligen Milliardenbereich – jährlich. Die Europäische Kommission schätzt etwa, dass die geplante Reduktion der Treibhaus-

gasemissionen bis 2030 um 55 % (im Vergleich zu 1990) ein Investitionsvolumen von 360 Milliarden Euro pro Jahr erfordert. Diese Investitionen werden nur dann finanzierbar sein, wenn wirtschaftliche Leistungskraft und budgetäre Grundlagen gesichert sind. Ohne diese Investitionen gibt es keine generationengerechte Entwicklung.

- Eine dritte Dimension der Generationengerechtigkeit ist die Offenheit für Forschung und Technologien. Wir dürfen den Generationen von morgen nicht durch (Technologie-) Verbote vorenthalten, in bestimmten Fachgebieten weiterzuforschen und klimafreundliche Innovationen zu entwickeln. Nachhaltige Generationengerechtigkeit bedeutet schließlich, die Zukunft und die damit verbundenen Gestaltungsmöglichkeiten für die Jungen offenzuhalten – und nicht einseitig zu limitieren.

Einmal mehr zeigt sich, dass es Aufgabe demokratischer Entscheidungen ist und bleiben muss, die Zukunftsgrundlagen in all diesen Bereichen zu sichern. Die Aushöhlung der Demokratie durch das Erzwingen »politischer« Urteile von Gerichten ist und bleibt eine fragwürdige Strategie. Sie ist ein Bärendienst auch für unseren Rechtsstaat und seine Institutionen, die eben nicht in den Verdacht geraten dürfen, »politisch« zu entscheiden. Der Fairness halber muss hinzugefügt werden, dass sich die Politik ihrer Verantwortung für notwendige Regelungen bestimmter Materien bewusst sein muss.

Einflussnahme auf die Medien: Alles ist Klima?

Eine weitere Säule unserer liberalen Demokratie sieht sich ebenfalls mit der Herausforderung konfrontiert, von Klimaaktivisten »vereinnahmt« zu werden – und dadurch nicht unabhängig und objektiv ihren Leistungen für unsere Demokratie nachgehen zu können: unsere Medien.

Dass sich Medien heute umfassend mit dem Klimawandel und möglichen Maßnahmen dagegen beschäftigen, ist sehr wichtig. Über ökologische, politische und wirtschaftliche Entwicklungen rund um Klimafragen zu berichten, kritisch zu hinterfragen und vielfältig zu kommentieren, schafft wichtige Grundlagen für eine informierte Öffentlichkeit und die Umsetzung sinnvoller, wirksamer Maßnahmen gegen den Klimawandel. Die breite Bevölkerung muss über Klimathemen Bescheid wissen, um auf dieser Basis in unserer Demokratie die richtigen Entscheidungen treffen zu können.

Diskussionsbedarf besteht allerdings dann, wenn versucht wird, dem Klimawandel die Schuld für sämtliche gesellschaftliche Probleme zu geben. Im April 2023 gab es dazu in Deutschland eine einschlägige mediale Debatte. Auslöser dafür: Ein Beitrag im WDR hatte Ausschreitungen in Berliner Freibädern im vergangenen Jahr in einen Zusammenhang mit Klimawandel und Hitze gestellt. Die Vorfälle seien Effekt des heißen Sommers, hieß es allen Ernstes.[91]

Der vielkritisierte WDR-Beitrag macht deutlich, dass wir bei der medialen Thematisierung des Klimawandels bald auch an so etwas wie einem Kipppunkt stehen. Denn es kann nicht sein, dass der Klimawandel für alles verantwortlich gemacht wird – von sinkender Fertilität bis hin zu Allergien, von schrumpfenden BIPs bis hin zum verlorenen Fußballspiel. Diese Form der öffentlichen Auseinandersetzung mit dem Klimathema führt letztlich zu einer starken Vereinfachung und Sündenbock-Mentalität. Egal welche negativen Ereignisse eintreten – immer ist das Klima schuld.

Für den Wissenschafts- und Technikforscher Rainer Grundmann ist klar: »Der Klimadiskurs ist Opfer einer Überbietungslogik geworden. Beim breiten Publikum zählt die

Verfügbarkeit und Anziehungskraft von Narrativen, die von Klimawissenschaftern, aber auch von anderen Kommentatoren verbreitet werden.«[92]

Die Dynamik hat in der breiten Öffentlichkeit einen fatalen Effekt: Das Klima (er)schlägt alles. Die Menschen fühlen sich machtlos und nicht mehr dazu in der Lage, ihre Verantwortung und ihre Handlungsspielräume zu nützen. Man verfolgt die Entwicklungen als – vielleicht noch entsetzter, möglicherweise aber auch nur mehr abgestumpfter, passiver – Beobachter. Das ist übrigens genau das Gegenteil dessen, was Klimaschützer mit ihrer Einflussnahme auf die Medienberichterstattung zu erreichen versuchen. Wenn sich die mediale Logik *bad news is good news* auf »die schlechte Klima-Nachricht ist die bessere« zuspitzt, sind das keine guten Nachrichten für wirksamen, breit verankerten Klimaschutz.

Umso wichtiger ist eine Berichterstattung, die weder skandalisiert noch kampagnisiert, sondern sachlich, objektiv und differenziert informiert. Den Kampf gegen den Klimawandel gewinnen wir nicht mit Sündenböcken und Schlagzeilen, sondern nur mit Vernunft und Verantwortung für eine Zukunft, in der wirtschaftliche, soziale und ökologische Ziele gemeinsam erreicht werden.

So sind nicht nur die externe Instrumentalisierung von Medien für klimaaktivistische Zwecke durch Klimaaktivisten, sondern auch intern entwickelte Leitplanken für die Medienberichterstattung über Klimathemen zu hinterfragen. Ein Beispiel dafür ist das in Österreich, Deutschland und der Schweiz aktive »Netzwerk Klimajournalismus« mit seinem »Klima-Kodex«. Dieser zielt darauf, die klassischen journalistischen Regeln und Standards bei der Klimaberichterstattung zu verändern. Erklärtes Ziel ist es, »den Journalismus im deutschsprachigen Raum klimakrisenfit zu machen«. Das Netzwerk hat einen »Klima-Kodex« für eine »klare, angemessene und konstruktive Klimaberichterstattung« erarbeitet. Diesen haben nach Angaben des Netzwerkes in Österreich Stand Ende Juni 2023 mehr als 25 Medien unterzeichnet.[93] Damit soll das Bewusstsein rund um die Klimakrise in Medien und Gesellschaft gestärkt werden. Der Kodex soll in die redaktionellen Leitlinien und redaktionsinternen Diskussionen aufgenommen werden. Auf den ersten Blick ist die Forderung einer »klaren, angemessenen und konstruktiven« Klimaberichterstattung erfreulich.

Doch bei näherer Betrachtung des Kodex könnte man jedoch den Eindruck gewinnen, dass Österreichs Journalisten durch seine Implementierung für die Anliegen der Klimaaktivisten instrumentalisiert werden sollen. Es scheint, als sollte der Klima-Kodex dazu dienen, dem Journalismus bei Klimafragen einen entsprechenden »Spin« zu geben – und dies zulasten der Grundsätze eines unabhängigen, objektiven und ausgewogenen Journalismus.

So heißt es etwa im Kodex, dass die Klimakrise »höchste Priorität« hat. Aus journalistischer Sicht gilt jedoch: Was höchste Priorität und damit den höchsten News-Wert hat, bestimmen unabhängige Journalisten anhand professioneller Kriterien. Und aus demokratiepolitischer Sicht ist ohnehin klar, dass es nicht nur ein verordnetes Topthema für die demokratische Entwicklung geben kann. Wertschöpfung und soziale Sicherheit etwa sind nicht minder wichtig.

Der Klima-Kodex greift auch mit dem Postulat, dass Klimaberichterstattung »angemessenen Platz und Ressourcen« braucht, in die mediale Unabhängigkeit ein. Welchen Raum Medien Themen einräumen und welche Ressourcen sie dafür investieren, muss in einer freien Medienlandschaft den Medien selbst überlassen sein.

Dass der Klima-Kodex mit Formulierungen wie »Erderhitzung« operiert, ist ebenfalls ein Indiz dafür, dass es um den »richtigen« alarmistischen Spin geht. Die Klima-Kodex-Feststellung »Klimajournalismus ist kein Aktivismus« klingt zwar erfreulich, hält dem Doublecheck des Dokuments allerdings nicht stand.[94]

Für den Klimawandel gilt wie für alle anderen Themen: Wir brauchen einen Journalismus, der objektiv und sachlich informiert, aber nicht kampagnisiert. Die Mediennutzer in der Demokratie müssen bei keinem Thema medial bevormundet und zum Wahren, Schönen und Guten geführt werden. Auch nicht beim Thema Klimaschutz. Nanny-Journalismus ist keine Lösung, sondern ein demokratiepolitisches Problem. Das sehen wohl auch viele Journalisten so, die sich nicht – und zwar auch nicht vor gut gemeinte – Karren spannen lassen und klimaaktivistischer *message control* folgen.

Bad News führen zu Nachrichtenvermeidung

Ein auch im Klimakontext wichtiges Zukunftsthema für journalistische Vermittlungsstrategien ist hingegen die Frage, wie die wachsende Gruppe der »Nachrichtenvermeider« erreicht werden kann. Nicht nur das Reuters Institute sieht diese Problematik mit großer Sorge.[95] Der aktuelle Bericht des Instituts zeigt, dass weltweit gut ein Drittel der Befragten manchmal oder oft Nachrichten vermeidet. Ein Grund dafür ist die Überschwemmung mit negativen Nachrichten. Der Wiener Kommunikationswissenschaftler Maximilian Gottschlich hält dazu fest: »Das Syndrom der Informationsmüdigkeit, das für immer mehr Menschen mit diffusen Zukunftsängsten, Ohnmachtserfahrungen und dem Gefühl des Kontrollverlusts einhergeht, ist für die Demokratie brandgefährlich.«[96] Für Österreich hat eine Studie des Instituts für Jugendkulturforschung *(Generation Nice: Jugend in der Multi-*

krise[97]) gezeigt, dass die Krisenberichterstattung in den Medien von Jungen vielfach als belastend erlebt wird. Die jungen Menschen fühlen sich hilflos und ohnmächtig. Die Reaktion darauf ist Nachrichtenvermeidung: Rund jede fünfte Jugendliche (19 %) hat sich dafür entschieden, die Nachrichten in den Medien möglichst wenig mitzuverfolgen. Bei den männlichen Jugendlichen liegt der Anteil der krisenassoziierten *news avoider* bei 12 %. Insofern sind mediale Strategien von Interesse, die Menschen wieder an Nachrichten heranführen. Ob und wie sie gelingen, muss im Detail bewertet werden.

Informieren statt alarmieren, ist etwa das erklärte Ziel einer Nachrichten-App von Burda Forward. Die *News to be Good*-App soll vor allem Menschen erreichen, die Nachrichten vermeiden oder ihren News-Konsum eingeschränkt haben, um sich nicht belastet zu fühlen. Nach Untersuchungen von Burda Forward fühlt sich der Großteil derer, die ihren Nachrichtenkonsum bewusst einschränken, durch Nachrichten belastet oder in Panik versetzt. »Diese Zielgruppe will über alle wichtigen Entwicklungen auf der Welt im Bilde sein. Aber die bekannten Mechanismen, um Aufmerksamkeit zu erzeugen, sind für sie kontraproduktiv. Sie sorgen dafür, dass sie sich abwenden, da die Alternativangebote fehlen«, heißt es von Burda Forward. Die Burda-App komme daher ohne alarmistische Headlines, aufmerksamkeitsstarke Bilder oder tendenziöse Formulierungen aus. Und wer kurzzeitig doch aus dem News-Konsum aussteigen will, der könne auf die »Pause«-Taste der App drücken.[98]

Wie auch immer sich derartige Projekte entwickeln: Eine »Pause«-Taste wäre auch gut für die Bestrebungen von Klimaaktivisten, Gerichte und Medien in einer Art und Weise zu instrumentalisieren, die weder der Glaubwürdigkeit dieser Institutionen nützen noch zu einer breiteren Akzeptanz von Klimaschutz beitragen.

These 6

Klimaschutz braucht die breite Mitte der Gesellschaft und alle Generationen

Für die Durchführung effektiver Klimaschutzmaßnahmen sind eine breite Akzeptanz und Unterstützung in der Gesellschaft notwendig. Klimaschutz darf kein autoritäres Elitenprogramm sein, mit dem die Bevölkerung zu Einschränkungs- und Verzichtsmaßnahmen verpflichtet wird. Die breite Mitte der Gesellschaft und alle Generationen sind das Maß, auf das es auch in der Klimapolitik ankommt.

Wie extrem sind Klimaaktivisten wirklich? Der deutsche Politologe und Extremismusforscher Alexander Straßner erregte 2022 großes Aufsehen mit der Behauptung, es gäbe Parallelen zwischen Klimaschutzaktivisten und den Anfangstagen der linksextremistischen Gruppe Rote-Armee-Fraktion (RAF). In einem Interview hielt er dazu fest: »Ich sage nicht, Klimaschützer sind Terroristen. Es geht auch nicht um Fridays for Future (FFF), sondern um die Splittergruppen: Extinction Rebellion, Ende Gelände, die Letzte Generation. Diese schwingen sich auf, im Glauben, eine Avantgarde zu sein, eine Speerspitze der Gesellschaft, die ein spezifisches Problem klarer und früher erfasst als der Rest. Wer Kritik übt, ist automatisch falsch dran. In der Philosophie nennt man das Immunisierung. Menschen, die einen kritisieren, haben einen einfach nicht verstanden. Das war bei den ersten Mitgliedern der Roten Armee Fraktion genauso und ist ein klassisches Kennzeichen von politischem Extremismus.«[99]

Es seien deutliche Brüche zwischen den Splittergruppen und Fridays for Future erkennbar, das fest auf demokratischem Boden stehe. Fridays for Future werde von manchen Aktivisten schon als zu gemäßigt angesehen, eine Gruppierung, die das System bereits gefressen hat: Straßner: »Deswegen kommt es zu einem Überbietungswettbewerb: Wer ist der Radikalere? Das hat immer auch etwas mit Narzissmus zu tun. Radikale Klimaschützer haben das Gefühl, dass sie etwas Außergewöhnliches machen.«[100]

Der Politikwissenschaftler Armin Pfahl-Traughber beobachtet: »Ähnlich wie bei der Bewegung ›Extinction Rebellion‹ gibt es in der ›Letzten Generation‹ einen esoterischen

Einschlag mit apokalyptischen Vorstellungen. Das könnte ebenfalls zu einer Radikalisierung führen, wobei dann alle nur möglichen Taten den prognostizierten Weltuntergang verhindern sollen.«[101]

Tatsache ist jedenfalls, dass die »Letzte Generation« in Österreich von der Direktion Staatsschutz und Nachrichtendienst (DSN) nicht als extremistisch klassifiziert wird.[102]

Als Grund für radikale Tendenzen sieht der deutsche Ökonom Joachim Weimann das Weltbild, das Klimaaktivisten vermitteln wollen: »Das Narrativ ist sehr simpel: ›Der Klimawandel führt in die Apokalypse und wir haben nur noch sehr wenig Zeit, etwas dagegen zu tun.‹ Das gefährliche an diesem Narrativ ist, dass es zur Eskalation benutzt werden kann. ›Ihr wacht immer noch nicht auf?! Dann müssen wir drastischer auf das Problem hinweisen.‹ Diese Argumentation lässt sich als Endlosschleife abspielen. Auf jeder Stufe ist jede Maßnahme zum ›Aufwecken‹ der Gesellschaft legitim, denn schließlich geht es um die Rettung vor dem Weltuntergang. Das Ganze folgt einem bekannten Muster. Ist die Gefahr, die man verhindern muss, erst hinreichend groß, heiligt der Zweck jedes Mittel.«[103]

Auch wenn man derartige Thesen nicht teilen mag, zeigen unterschiedliche Befunde – wie auch die öffentliche Debatte über »Klimakleber« – deutlich, dass die Kluft zwischen den Aktivisten und der breiten Bevölkerung groß ist – und tendenziell weiterwächst. Für Österreich hat eine repräsentative Market-Umfrage im Auftrag von oecolution austria gezeigt, dass sich die österreichische Bevölkerung vom Aktivismus nicht beeindrucken lässt.[104] Danach gefragt, welche Ereignisse die Angst vor dem Klimawandel befeuern, geben 49 % die weltweite Häufung von Naturkatastrophen, 44 % Extremwetterlagen in der eigenen Region und 41 % dramatische Bilder von Naturkatastrophen in den Medien an. Darüber hinaus geben rund 25 % den Klimaaktivismus als Grund an. Mehr als 75 % der Befragten empfinden jene Aktionen, bei denen Straßen blockiert werden oder bei denen Kunstwerke angegriffen werden, als kontraproduktiv und gar nicht sinnvoll. Der Großteil der österreichischen Bevölkerung sieht die Chance, den Klimawandel zu bekämpfen, nicht im Aktivismus, sondern vielmehr im Ausbau der erneuerbaren Energiequellen (73 %), in innovativen Technologien (71 %) und in der CO_2-Optimierung der industriellen Produktion (70 %). Nach einer Unique-Research-Umfrage für das Nachrichtenmagazin *profil* befürworten mehr als 75 % der Österreicher Haftstrafen für »Klimakleber«.[105]

Klimaschutz braucht die Mitte der Gesellschaft

Es herrscht also ein relativ breiter Konsens darüber, dass mit radikalem Aktivismus nichts Gutes für den Klimaschutz getan wird. Im Gegenteil: Würde sich die Politik dem Aktivismus anschließen – wozu die Aktionen ja drängen wollen –, könnte das fatale Folgen haben.

Deshalb warnt Politikwissenschaftler Straßner im Interesse des Klimaschutzes davor, »eine Politik der Schnellschüsse« zu betreiben. Denn: »Wenn man ganz rasch Veränderung vornimmt, ist die Wahrscheinlichkeit sehr groß, eine Konsequenz zu übersehen. Dieses Übersehen von Konsequenzen führt in der Regel zu sozialer Schieflage, dann gehen die Menschen auf die Straße. Gesellschaften in Schieflage haben nur ein Interesse: Die Stabilität wieder herstellen. Und dann ist Klimaschutz wieder ganz weit hinten.«[106]

Um erfolgreiche Maßnahmen für den Klimaschutz auf den Weg zu bringen, brauchen diese eine breite Verankerung und Zustimmung in der Gesellschaft. Klimaschutz darf keine radikale Veranstaltung sein, mit dem die breite Masse zu Einschränkungs- und Verzichtsmaßnahmen verpflichtet wird.

Wie wichtig die Einbindung der breiten Bevölkerung beim Klimaschutz ist, zeigt etwa auch die Debatte über »Tempo 100« auf den österreichischen Autobahnen: Die Maßnahme wird in Umfragen nach wie vor mit großer Mehrheit klar abgelehnt.[107]

Würde man derartige Maßnahmen trotzdem einführen, bestünde die Gefahr, dass sich die Bevölkerung insgesamt weniger am Klimaschutz beteiligt. Eine Klimapolitik, die als einseitige Verbotspolitik wahrgenommen wird, demotiviert und demobilisiert die breite Mehrheit beim Klimaschutz.

Ein weiterer, auch psychologisch wichtiger Punkt in der Klimapolitik sind nachvollziehbare, realistische Ziele. Je unrealistischer und abstrakter Ziele sind, desto demotivierender und frustrierender wirken sie auf die Bevölkerung: Immer wieder zu hören und zu lesen, dass die Klimaziele nicht erreicht werden können, führt zu Stillstand und Resignation.

In diesem Sinn hat sogar der Chef des Intergovernmental Panel on Climate Change (IPCC), Jim Skea, dafür plädiert, sich weniger auf das 1,5 °C-Ziel zu konzentrieren: »Ich glaube, wir haben uns ein bisschen zu viel auf diese ikonischen Ziele fixiert wie die 1,5 Grad.«[108] Es sei egal, an welchem Punkt man sich befinde – die Vorteile, die es bringt, wenn man CO_2-Ausstoß vermeidet, würden bei Weitem die Kosten übertreffen, die mit der CO_2-Reduktion verbunden sind, argumentiert er.

Eine klare Kosten-Nutzen-Relation ist für die breite Bevölkerung nachvollziehbarer als willkürlich gesetzt scheinende Ziele, die ohnehin nie in greifbarer Nähe waren und sind. Unrealistische Ziele, die nicht erreicht werden können, befeuern auf der anderen Seite nur die Klimaangst. Diese Negativspirale gilt es zu durchbrechen, um die Bevölkerung positiv zu Klimaschutzmaßnahmen zu motivieren.

Die Klimaneutralität Österreichs bis 2040 ist für den Großteil der Österreicher kaum realistisch.

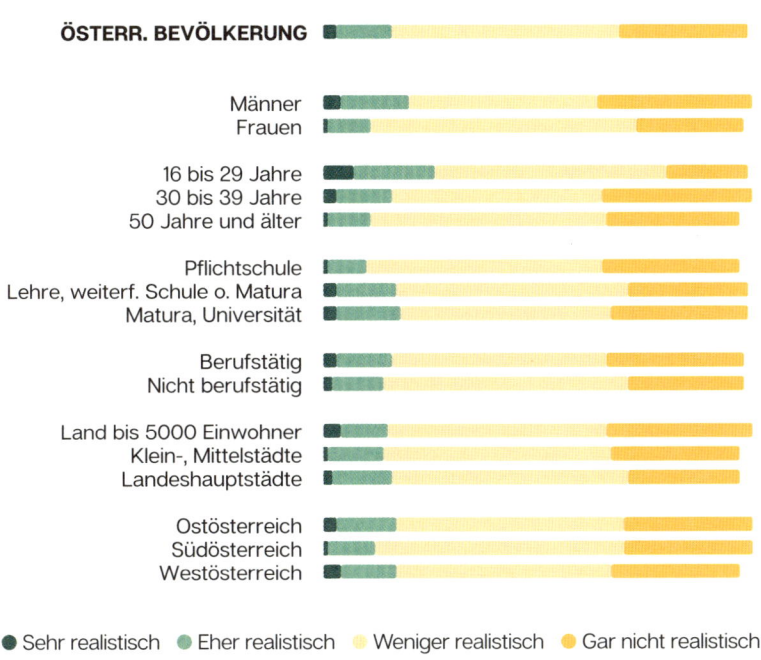

ÖSTERR. BEVÖLKERUNG

Männer
Frauen

16 bis 29 Jahre
30 bis 39 Jahre
50 Jahre und älter

Pflichtschule
Lehre, weiterf. Schule o. Matura
Matura, Universität

Berufstätig
Nicht berufstätig

Land bis 5000 Einwohner
Klein-, Mittelstädte
Landeshauptstädte

Ostösterreich
Südösterreich
Westösterreich

● Sehr realistisch   ● Eher realistisch   Weniger realistisch   ● Gar nicht realistisch

Österreichische Bevölkerung ab 16 Jahren & ausgewählte Experten
Quelle: Market-Institut

Eine Market-Umfrage, die im August 2023 von oecolution austria in Auftrag gegeben wurde, liefert jedenfalls für Österreich ein klares Bild, was den Zusammenhang zwischen Klimazielen und Realismus betrifft: 83 % der Befragten glauben schlichtweg nicht daran, dass Österreich die Klimaziele bis 2040 erreicht. Weitere 65 % zweifeln auch die ausreichende Verfügbarkeit von Fachkräften für die Klimawende an.

93

Der realistische Zugang der Bevölkerung spiegelt sich auch in einem anderen Market-Umfrageergebnis im Auftrag von oecolution austria wider: 80 % der Österreicher gehen von steigenden Lebenshaltungskosten nach Erreichen der Klimaziele aus.

Eine Befragung unter 53 österreichischen Experten aus dem Energiebereich (Energiewirtschaft, Forschung, öffentlicher Sektor) zeigt: 70 % sind skeptisch, dass die Klimaziele erreicht werden können, und sogar 81 % sind skeptisch in Bezug auf die Verfügbarkeit von Fachkräften. 73 % der Fachleute sind überzeugt, dass das Leben durch die Erreichung der Klimaziele teurer wird.

Kluge Klimapolitik muss immer die breite Mitte der Gesellschaft und alle Generationen ansprechen. Das ist deshalb von großer Bedeutung, weil die Klimadebatte natürlich immer auch eine Generationengerechtigkeitsdebatte ist. Einerseits hat keine Generation das Recht, den späteren Generationen maßlose Lasten aufzuerlegen. Das gilt für die finanzielle Nachhaltigkeit von Budgets, für ein sicheres Pensionssystem und selbstverständlich auch für natürliche Ressourcen. Andererseits dürfen die Kosten für den Klimaschutz für die aktuelle Generation nicht überbordend werden.

Johannes Müller-Salo und Rupert Pritzl haben in einer Analyse auf die beiden Seiten der Gerechtigkeit verwiesen, die beim Klimathema zu beachten sind: »Wenn ›die Gegenwart‹ moralisch verpflichtet ist, für ›die Zukunft‹ vorzusorgen und effektiven Klimaschutz zu betreiben, dann kann es moralisch nicht irrelevant sein, wie ›die Gegenwart‹ die Kosten verteilt. Klimagerechtigkeit hat also zwei Seiten, die es verdienen, in der öffentlichen Debatte gleichermaßen thematisiert zu werden. Die intergenerationelle Perspektive zeigt auf, welcher Klimaschutz gerecht ist, welcher Klimaschutz zukünftigen Generationen moralisch geschuldet ist – und die intragenerationelle Perspektive zeigt auf, wie Klimaschutz in der Gegenwart gerecht zu organisieren ist und wie eine gerechte Verteilung der gegenwärtigen Kosten für den Klimaschutz auszusehen hat.«[109]

Müller-Salo und Pritzl betonen, wie wichtig Transparenz in der Frage ist, welche Kosten mit dem Klimaschutz verbunden sind: »Das Erreichen der politisch beschlossenen Klimaziele bringt erhebliche Einschränkungen und Veränderungen der Konsum- und Produktionsaktivitäten und somit erhebliche gesellschaftliche Kosten mit sich. Eine weitere Verschärfung der klimapolitischen Anforderungen in Deutschland durch Vorziehen der Klimaneutralität von 2050 auf 2045, wie im von der damaligen Bundesregierung hastig überarbeiteten und im Juni 2021 beschlossenen Klimaschutzgesetz vorgesehen, treibt diese Kosten weiter in die Höhe. Es ist ein Gebot politischer Aufrichtigkeit, dies klar zu kommunizieren. […] Eine offene Kommunikation der Klimaschutzkosten sollte damit eine Grundbedingung im klimapolitischen Diskurs sein.«[110]

Zu einer offenen Kommunikation von Zielen und Kosten zählt auch die ehrliche Debatte über »Gold Plating«[111] – das Übererfüllen von EU-Zielen. Eine Analyse im Auftrag von oecolution austria zeigt: Vom Ziel des EU-Plans »Fit for 55«, bis 2050 klimaneutral zu werden, ist Österreich weit entfernt – aber zugleich eines von nur fünf europäischen Ländern, die sich national noch ehrgeizigere Ziele gesetzt haben. Österreich strebt laut aktuellem Regierungsprogramm ja Klimaneutralität bis 2040 an. Die anderen Gold-Plating-Länder sind laut der Plattform »Net Zero Tracker«[112] die EU-Mitglieder Finnland, mit der Vorgabe, 2035 klimaneutral zu werden, Deutschland (2045), Schweden (2045) sowie das Nicht-EU-Land Island (2040).

Geht man nach den aktuellen Simulationen des Umweltbundesamtes, müsste der jährliche Emissionsrückgang in Österreich ab 2030 fünf Mal so hoch sein wie im Durchschnitt der Jahre 2005 bis 2022, um die Klimaneutralität 2040 zu erreichen. Da es für die Industrie ein europaweit einheitliches Emissionshandelssystem gibt, kann es jedoch für diesen Bereich keine nationalen Vorgaben geben, die über den EU-Pfad hinausgehen. Die gesamten 38 Millionen Tonnen CO_2-Äquivalent, die aktuell für 2040 prognostiziert werden, müssten also zusätzlich in den Bereichen Verkehr, Gebäude, Landwirtschaft und Abfall eingespart werden. Man muss keine große Prognostikerin sein, um das für illusorisch zu halten. Dazu kommt, dass die anderen Gold-Plating-Länder auf CO_2-Speichermöglichkeiten setzen und CO_2-neutrale Energieformen wie Atomstrom nutzen – was beides in Österreich derzeit nicht möglich ist.

Statt sich auf dem Papier illusorische Ziele zu setzen, die ohnehin nicht erreicht werden können, wären mehr Realismus und pragmatische Zugänge gefragt. Dann würde es wohl auch leichter gelingen, die Bürger bei der Klimapolitik besser mitzunehmen. Die Zielmarke 2050 ist ohnehin bereits äußerst ambitioniert. 2040 könnte nur dann erreicht werden, wenn wir zu Tricksereien bei der Definition von »Klimaneutralität« greifen. Davon hat das Klima allerdings nichts.

Ehrlichkeit bei Zielen und Kosten anstatt der Verbreitung von Mythen (siehe auch These 4) ist somit ein wichtiger Ansatz, um die Mitte der Gesellschaft – und damit die Nettozahler – fair in das Projekt Klimaschutz zu involvieren. Noch einmal Johannes Müller-Salo und Rupert Pritzl:

>> Ohne eine gerechte und damit hinreichend effiziente Verteilung der Klimaschutzkosten wird es schwer sein, demokratische Mehrheiten für das Jahr-

hundertprojekt des Klimaschutzes zu finden. Der massive Strukturwandel hin zur klimaneutralen Gesellschaft ist auf breite gesellschaftliche Akzeptanz angewiesen. Der Umbau der Gesellschaft hat gerade erst begonnen, der größte Anteil der Kosten wird in Zukunft zu entrichten sein. Mit den Kosten werden auch die gesellschaftlichen Auseinandersetzungen um die Kostenverteilung zunehmen und damit zwangsläufig Fragen nach Gerechtigkeit und Effizienz aufwerfen. [...] Die politischen Parteien sollten die Diskussion eröffnen, aus der einmal ein hinreichend großer gesellschaftlicher Konsens über die Frage, wie der Wandel gerecht und effizient zu gestalten ist, erwachsen kann.[113] «

Genau vor dieser Frage drücken sich nicht nur radikale Klimaaktivisten, sondern auch grünbewegte politische Kräfte, die der Mitte der Gesellschaft zwar alle Kosten aufbürden, sie aber nicht angemessen bei klimapolitischen Entscheidungen mitbestimmen lassen wollen. Ohne Akzeptanz in der breiten Bevölkerung wird es in unserer liberalen Demokratie aber nicht gehen. Erfolgreicher und wirksamer Klimaschutz braucht nicht Radikalisierung, sondern die Mitgestaltung der gesellschaftlichen Mitte.

Dass man diese breite Mitte nicht mit hohen Kosten und strikten Regeln zu Klimaschutz im Alltag motiviert, steht außer Frage. Der deutsche Schriftsteller Leander Steinkopf hat dazu einen ganz anderen, höchst entspannten Zugang vorgeschlagen: »Statt starren Normen wäre nun Pragmatismus gefragt. Dieser Pragmatismus könnte etwa darin liegen, jene genügsamen Menschen, die den Sommer grillierend in ihrem Schrebergarten verbringen und nicht auf Kreuzfahrtschiffen oder in Langstreckenjets um die Welt reisen, zu

Vorbildern zu erklären, statt ihnen ihr Grillgut zum Vorwurf zu machen. Man sollte die Boomer feiern, die ihre Lesebrille aufsetzen, um auf dem sieben Jahre alten Android-Phone durch die Emoticons zu scrollen. Oder gibt es ein Recht, auf einem nagelneuen iPhone abfällig über deren mangelnde konsumkritische Haltung zu twittern?«[114]

Steinkopf hat recht: Gesellschaftliche Spaltung darf auch beim Klimaschutz keine Taktik sein. Wir brauchen eine Klimapolitik, die Menschen vereint und dadurch beim Klimaschutz mit allen und für alle Verbesserungen erzielt. Wir brauchen eine Vision für eine bessere Zukunft, an der jede und jeder mitwirken kann. Eine »Fortschritts- und Aufbruchsgeschichte« (Ralf Fücks), die uns alle weiterbringt.

Klimapolitik und Kolonialismus

Dieser Zugang ist auch die notwendige Antithese zu einer moralisch-historisch ausgerichteten Klimapolitik, die Anleihen an der Kolonialismus-Debatte nimmt: Dabei wird dem »Opfer« des kolonialisierten und ausgebeuteten globalen Südes der »Täter« des globalen Nordens gegenübergestellt, der allein aus moralischen Gründen zum (Ressourcen-)Verzicht verpflichtet ist. Für die Energiewende wichtige Rohstoffe oder Wasserstoff aus dem globalen Süden fallen dabei automatisch in die Kategorie »moderner Kolonialismus«. Daraus erklärt sich auch die ablehnende Haltung gegenüber Handels- und Rohstoffabkommen. Unserem Wirtschaften wird generell »Ausbeutung« unterstellt.[115]

Man darf sich nicht wundern, wenn die breite gesellschaftliche Mitte aus derart geführten Klimadebatten aussteigt.

Dass sich Klimabewegung zunehmend schwertut, sich auf das eigentliche Thema zu fokussieren, zeigt auch die Vermischung von Klimaanliegen beziehungsweise die mehr als fragwürdige Vereinnahmung der Klimabewegung durch Greta Thunberg im Nahostkonflikt. Nora Laufer analysiert dazu im *Standard*: »Eigentlich sollte es um das Klima gehen, nur um das Klima. Dieser Meinung waren wohl viele Mitglieder von Fridays for Future, als sie Ende November die Postings des internationalen Instagram-Accounts der Organisation sahen. Darin thematisierte die Klimabewegung den Nahostkrieg und warf Israel den Genozid an Palästinensern vor. Sie sprachen von einem ›Apartheid-System‹ und bezichtigten westliche Medien der Lüge. Zugleich posierte die schwedische Klimaaktivistin Greta Thunberg mit propalästinensischen Bannern und zeigte sich auf Demos mit Palästinensertuch.«[116]

Kein Wunder, dass sich viele Klimaschützer irritiert und enttäuscht von der vormaligen Klima-Ikone abwandten.

Vor diesem Hintergrund sind Medien und Politik gut beraten, bei Debatten und Entscheidungen in der »richtigen Spur« zu bleiben. Dazu gehört auch, nicht vom »Klimanotstand« zu sprechen oder einen solchen, beispielsweise im österreichischen Parlament, auszurufen. Damit wird nur suggeriert, dass wir mit kurzfristigen Eingriffen den Klimawandel aufhalten können. Unzählige Politiker haben zu Recht klargestellt: »Der Weg zur Klimaneutralität ist ein Marathon und kein Sprint.«

Als Gesellschaft werden wir diesen Marathon nur durchhalten, wenn wir einer breiten Mehrheit vermitteln können, dass der beste Weg zur Klimaneutralität im Sinne einer ausgewogenen Balance von Effizienz und Gerechtigkeit zustande kommen würde und dann auch gemeinsam getragen würde. Alle anderen Abbiegungen und Sackgassen sollten wir tunlichst vermeiden.

These 7

Wirtschaftliches Wachstum ist die Grundlage für Klimaschutz – nicht Schrumpfung

Die Umsetzung der Vorstellungen von Degrowth, Nullwachstum oder gar ökologischer Gesundschrumpfung würde breiten Wohlstandsverlust und gesellschaftliche Destabilisierung nach sich ziehen. Wirtschaftliches Wachstum ist kein Selbstzweck, sondern Grundlage unseres Gesellschaftssystems, breiten Wohlstands, unserer sozialen Sicherheit und auch Basis für Investitionen in klimaschutzrelevante Technologien.

»Wir schrumpfen wirtschaftlich einfach so lange, bis es dem Klima wieder gut geht«: Das ist das Rezept, das manchen Klimaaktivisten für unsere Zukunft vorschwebt.

Oder, politisch etwas eingängiger formuliert: Ist der Kapitalismus tot, geht's dem Klima gut.

Wie das tatsächlich funktionieren soll, wird in unterschiedlichen Publikationen unter den Schlagwörtern »Nullwachstum«, »Degrowth« oder im Konzept der »Donut-Ökonomie« thematisiert, die statt Wachstum ökologische und soziale Indikatoren als Wirtschaftsziele verankern will.

Die *taz*-Journalistin Ulrike Herrmann hat in einem Essay sehr prägnant festgehalten, wie man dem Kapitalismus durch Klimaschutz den Garaus machen kann. Sie meint tatsächlich, Klimaschutz sei nur möglich, wenn Kapitalismus und Wachstum enden.[117]

Im Gegensatz zu manchen Klimaaktivisten erkennt Herrmann zwar sehr wohl das positive Wirken des Kapitalismus an, hält aber Wachstum an sich für das Problem: »Der Kapitalismus war ein Fortschritt, hat aber leider eine fundamentale Schwäche: Er benötigt dieses Wachstum, um stabil zu sein. In einer endlichen Welt kann man aber nicht unendlich wachsen.«[118]

Wie viele andere Klimabewegte hat Herrmann große Sympathien für die Degrowth-Bewegung: »Man würde nur noch regionale und saisonale Produkte nutzen, könnte Freunde treffen, notwendige Reparaturen selbst vornehmen und Kleider nähen. Die meisten Gebrauchsgegenstände würde man mit den Nachbarn teilen, zum Beispiel Rasenmäher, Bohrmaschinen, Spielzeuge oder Bücher.«[119]

Ihre Wachstums- und Wohlstandsrechnung ist ebenfalls einfach: »Würden wir auf die Hälfte unserer Wirtschaftsleistung verzichten, wären wir immer noch so reich wie 1978. Auch damals ließ es sich gut leben. Es war das Jahr, als Argentinien Fußballweltmeister wurde und der erste Teil von *Star Wars* in den Kinos lief. Es gab zwar keine ›Flugmangos‹ aus Peru, aber wir waren so zufrieden wie heute.«[120]

Um sich den notwendigen Schrumpfungsprozess vorzustellen, helfe es, ihn vom Ende her zu denken. »Wenn Ökostrom knapp bleibt, sind Flugreisen und private Autos nicht mehr möglich, weil sie zu viel Energie verbrauchen. [...] Banken werden ebenfalls weitgehend obsolet, denn Kredite lassen sich nur zurückzahlen, wenn die Wirtschaft wächst. In einer klimaneutralen Wirtschaft würde niemand hungern – aber Millionen von Arbeitnehmern müssten sich umorientieren. Investmentbanker oder Flugbegleiter wären überflüssig, dafür würden aber sehr viel mehr Arbeitskräfte in der ökologischen Landwirtschaft und auch in den Wäldern benötigt, um die Folgen der Klimakrise zu lindern«, beschreibt die *taz*-Journalistin ihre Vision vom Rückbau des Kapitalismus. Das finale Szenario: »Der Kapitalismus wird enden, weil er mit dem Klimaschutz nicht vereinbar ist. Die nächste Epoche wird eine ›Überlebenswirtschaft‹ sein.«[121]

Ulrike Herrmann hat tatsächlich recht, wenn sie nach dem Ende des Kapitalismus von einer »Überlebenswirtschaft« spricht. Denn dann gibt es mangels Wertschöpfung auch keinen breiten Wohlstand, kein gut ausgebautes System der sozialen Sicherheit, keine soziale Stabilität und auch keine Investitionen für Innovationen, die unser Leben und auch das Klima besser machen. Sondern Armut, soziale Verwerfungen und Rückschritte in allen Lebensbereichen – etwa in Gesundheitsfragen: Woher kommt das Geld, wenn in der grünen Subsistenzwirtschaft für das Überleben von Menschen plötzlich doch hochmoderne Krebstherapien nötig wären?

Der renommierte Klimaforscher Mojib Latif hält Anti-Kapitalismus- und Degrowth-Predigern wie Herrmann daher entgegen: »Aus der Geschichte wissen wir, der technologische Wandel passiert immer extrem schnell. Denken Sie etwa an den Umstieg vom Pferdewagen aufs Automobil. Oder vom Festnetz- zum Mobiltelefon. Ich glaube, wenn die Menschen merken, dass sie enorm profitieren können von einer Energiewende, dann gibt es kein Halten mehr. Da ist der Kapitalismus tatsächlich auch goldrichtig. In dem Moment, wo man Geld verdienen kann, gibt es auch Innovation.«[122]

Die Geschichte hat leider auch eindrucksvoll gezeigt, dass die Abschaffung von Märkten immer zu desaströsen Plan- und Mangelwirtschaften geführt hat, die auch für die Umwelt dramatische Auswirkungen hatten. Wir verdanken Wohlstand, soziale Sicherheit und leistbare Zukunftsinvestitionen marktwirtschaftlichen Systemen und ihren laufenden Innovationen. In diesem Sinn hält auch Nikolaus Piper in der *Süddeutschen Zeitung* fest: »Man muss die radikale Knappheit der Natur mit allen Konsequenzen anerkennen. Gleichzeitig aber ist das Eigeninteresse der Menschen nötig, um Innovationen zum Schutz des Klimas zu mobilisieren. Der Klimaschutz wäre zum Scheitern verdammt, würde man genau das System abschaffen, das in der Vergangenheit die großen Innovationen hervorgebracht hat.«[123]

Empirisch gesehen ist Degrowth nicht die Lösung

Die Frage, welchen politischen Systemen die notwendige Entkopplung von CO_2 und Wachstum am besten gelingt, kann empirisch beantwortet werden. Eine Analyse im Auftrag von oecolution austria[124] hat untersucht, wie sich CO_2-Emissionen und Wirtschaftswachstum in Systemen mit unterschiedlich starken politischen und wirtschaftlichen Freiheiten entwickeln. Verglichen wurden vier Ländergruppen.

- Gruppe 1: Vollständige oder unvollständige Demokratie und freie bis moderat freie Wirtschaft (50 Länder; darunter auch Österreich)
- Gruppe 2: Unvollständige Demokratie und weitgehend unfreie Wirtschaft (zehn Länder; darunter Indien und Brasilien)
- Gruppe 3: Autoritäre sowie hybride Regime und weitgehend oder moderat freie Wirtschaft (14 Länder; darunter Vereinigte Arabische Emirate, Katar, Mexiko oder Vietnam)
- Gruppe 4: Autoritäre sowie hybride Regime und weitgehend unfreie/unterdrückte Wirtschaft (39 Länder; darunter Russland, China, die Türkei, Pakistan und viele afrikanische Staaten)

Die Ergebnisse des Vergleichs zeigen ein klares Bild:
- Wirtschaftswachstum ist bei gleichzeitig sinkenden Emissionen möglich. Im Benchmark-Vergleich bei der Entkopplung von CO_2 und BIP-Wachstum sind vor allem Demokratien, in denen die Unternehmen weitgehend wirtschaftlich frei sind, gut unterwegs.. Eine besonders starke positive Dynamik gibt es seit 2005. Marktwirtschaftliche Instrumente wie der Emissionshandel für die Industrie funktionieren.
- Positive Entwicklungen gehen nicht nur auf das »Auslagern« von Emissionen in kostengünstiger produzierende Volkswirtschaften zurück. Die Entkopplung gelingt entlang der gesamten Lieferkette (konsumbasierte Emissionen).
- Wirtschaftliche Freiheit fördert die Entkopplung. Nur in der Ländergruppe der vollständigen und unvollständige Demokratien und einer freien bis moderat freien Wirtschaft

gab es in drei aufeinanderfolgenden Untersuchungszeiträumen (2005 bis 2009, 2010 bis 2014, 2015 bis 2020) eine absolute Entkopplung, also sinkende konsumbasierte Emissionen bei gleichzeitigem BIP-Wachstum. Unvollständigen Demokratien mit weitgehend unfreier Wirtschaft beziehungsweise hybriden und autoritären Regimen mit weitgehend freier oder moderat freier Wirtschaft gelang die Entkopplung bisher nur im letzten Untersuchungszeitraum. Hybriden und autoritären Regimen mit unfreier Wirtschaft ist die Entkopplung hingegen noch nie gelungen.

- Emissionen sinken in wirtschaftlich freien Demokratien seit 2005, während sie in unfreien Regimen gestiegen sind. In der Gruppe 1 (siehe auch Grafik *Entkopplung nach politischer und wirtschaftlicher Freiheit*) lagen die Emissionen unter Berücksichtigung der Importe und Exporte zuletzt um knapp 18 % unter den Werten des Jahres 2005. In den anderen Gruppen sind sie im gleichen Zeitraum um 27 % (Gruppe 3) bis 85 % (Gruppe 4) gestiegen.

- Österreichs Wirtschaft wächst seit 2005, gleichzeitig sinken aber die Emissionen. Unser Land verzeichnet eine sehr ähnliche Emissionsdynamik wie der Rest der Gruppe 1. Auch hierzulande ist es seit 2005 gelungen, die Emissionen deutlich unter das Ausgangsniveau zu drücken. Allerdings liegt Österreich beim Wachstum etwas unter dem Rest der Gruppe 1. Um den Anschluss nicht zu verlieren, wird es also eine wachstumsfördernde Politik benötigen. Ohne Wachstum wird es nicht möglich sein, ausreichend Investitionen für die ökologische Transformation auszulösen.

- Österreichs Wirtschaft ist insgesamt vergleichsweise emissionsarm bei der Schaffung von wirtschaftlichem Wohlstand. Beim Vergleich der Emissionen je produziertem Dollar an Wirtschaftsleistung (BIP) liegt Österreich sowohl bei den produktionsbasierten als auch bei den konsumbasierten Emissionen unter den Werten der Gruppe 1 und auch der anderen Gruppen.

ENTKOPPLUNG VON CO_2-EMISSIONEN UND WIRTSCHAFTSWACHSTUM

	1990– 1994	1995– 1999	2000– 2004	2005– 2009	2010– 2014	2015– 2020	2015– 2019*
Gruppe 1: Vollständige/ unvollständige Demokratie UND freie bis moderat freie Wirtschaft							
Gruppe 2: Unvollständige Demokratie UND weitgehend unfreie Wirtschaft							
Gruppe 3: Autoritäre und hybride Regime UND weitgehend oder moderat freie Wirtschaft	**						
Gruppe 4: Autoritäre und hybride Regime UND weitgehend unfreie/unterdrückte Wirtschaft	***						

Absolute Entkopplung: konsumbasierte Emissionen sinken absolut bei gleichzeitigem BIP-Wachstum.
Relative Entkopplung: konsumbasierte Emissionen wachsen langsamer als das BIP.
Keine Entkopplung: konsumbasierte Emissionen wachsen stärker als das BIP.

*Exkl. Sondereffekte Pandemie. **Nach Zusammenbruch der UdSSR massiver Einbruch des BIP, aber noch stärkerer Rückgang der Emissionen. Inkl. Kaschstan, Georgien, Armenien und Aserbaidschan ergäbe sich eine »absolute Entkopplung«. Exkl. dieser Länder ergibt sich »keine Entkopplung«. ***Inkl. Russland, Belarus, Kirgistan und Tadschikistan ergäbe sich eine »absolute Entkopplung«. Exkl. dieser Länder nur knapp eine »relative Entkopplung«. Quellen: Our World in Data, Global Carbon Project, IMF, Worldbank, eigene Berechnungen

Zusammenfassend ist die klimapolitische Diskussion also nicht nur stark von Ängsten und Pessimismus, sondern auch von Wachstumsfeindlichkeit geprägt. Vermeintlich einfache Lösungsansätze, wie jene nach einem Schrumpfen der Wirtschaft, blenden aber die damit verbundenen massiven Probleme aus.

Degrowth ist zukunftsfeindlich. Ohne Wachstum werden unsere sozialen Sicherungssysteme auf Dauer nicht funktionieren können – und es wäre auch nicht möglich, die Arbeitslosenzahlen auf niedrigem Niveau zu halten und damit soziale Stabilität zu sichern. Der Weg zu einer dekarbonisierten Wirtschaft ist unbestritten noch ein langer. Aber Wachstum ist nicht das Problem, sondern ein Schlüssel für den Weg in die richtige Richtung.

Das zeigen auch die Befunde der Umweltökonomie, wie sie im Modell der Umwelt-Kuznets-Kurve (Environmental Kuznets Curve, kurz EKC) verdichtet wurden. Die Umwelt-Kuznets-Kurve setzt das Pro-Kopf-Einkommen eines Landes und die Umweltbelastung zueinander in Beziehung.

UMWELT-KUZNETS-KURVE

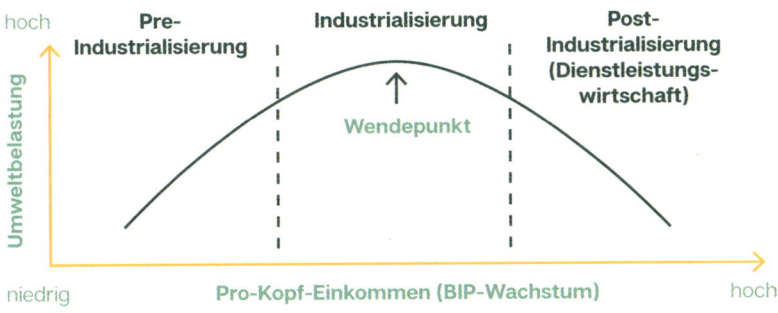

107

Sie besagt, dass die Emissionen verschiedener Umweltschad-
stoffe in einer sich entwickelnden Volkswirtschaft zunächst
bis zu einem Gipfel zunehmen und danach mit weiter zunehmendem Pro-Kopf-Einkommen wieder abnehmen. Die
Umwelt-Kuznets-Kurve hat um das Belastungsmaximum
herum die Form eines umgekehrten U (siehe Grafik). In entwickelten Ländern sinken die Emissionen mit zunehmendem
Wachstum – durch mehr Effizienz, Innovation und die Umwandlung der Industrie- hin zur Dienstleistungsgesellschaft.

Jonathan David Moyer, Direktor des Frederick S. Pardee Center
for International Futures, verweist darauf, dass uns der Verzicht auf Wachstum im Sinn des Degrowth-Ansatzes massive
Probleme bereiten würde. Er kommt in einer in *nature* ver-
öffentlichten Studie zum Schluss, »dass negative Wachstums-
und Gesellschaftstransformationen im Globalen Norden möglich sind, ohne langfristig die weltweite sozioökonomische
Entwicklung dramatisch zu beeinträchtigen, obwohl diese
Interventionen die globale Klimakrise nicht lösen. Die Reduzierung der zukünftigen kumulativen Kohlendioxidemissionen
bis 2100 beträgt lediglich 10,5 %.«[125]
Andererseits, so Moyer in seiner Studie, »wird ein glo-
bales Szenario mit negativem Wachstum die zukünftigen
kumulativen Kohlendioxidemissionen signifikant reduzieren (um 45 %), aber gleichzeitig die Verfolgung globaler
Entwicklungsziele, wie die Beseitigung von Armut, dramatisch beeinträchtigen. Selbst bei globalen politischen Maßnahmen, die die direkten Überweisungen an Arme und
Rentner signifikant erhöhen, Einkommensungleichheit drastisch verbessern und Militärausgaben eliminieren, führt das
Szenario des globalen negativen Wachstums zu einem Anstieg von 15 Prozentpunkten bei extremer globaler Armut
bis 2100.«[126]

In einer Studie[127] hat das Wirtschaftsforschungsinstitut ECO Austria im Auftrag von oecolution austria berechnet, wie viel Wachstum es für die grüne Wende bräuchte. Das klare Ergebnis: Um das Ziel einer Senkung der Emissionen um 41 % bis 2040 zu erreichen, wäre demnach eine jährliche reale Wachstumsrate des BIP von 4,3 % notwendig. Und um im Jahr 2040 Klimaneutralität zu erreichen, benötigt es ein jährliches reales Wachstum von 7,4 %.

Zum Vergleich: Laut OECD-Prognose[128] aus dem November 2023 wird das Bruttoinlandsprodukt in Österreich im Jahr 2023 voraussichtlich um −0,4 % gegenüber dem Vorjahr sinken. Für 2024 wird ein Wirtschaftswachstum von 0,6 % erwartet.

Die Wirtschaftsforscher empfehlen für mehr Wachstum und zur notwendigen Transformation unter anderem die Einbeziehung sauberer Energietechnologien in den Energiemix – einschließlich erneuerbarer Energien und sauberer Energietechnologien für fossile Brennstoffe, die Kohlenstoffabscheidung und -speicherung nutzen –, verstärkte globale Kooperation und den Transfer von umweltfreundlichen Technologien, die Förderung einer nachhaltigen Industrialisierung, moderne Rahmenbedingungen für die benötigten Fachkräfte sowie die Nutzung von CO_2 als Ressource.

Neue Technologien, neues Wachstum

Was uns zu breitem Wohlstand und zu Sicherheit in den unterschiedlichsten Lebenssituationen geführt hat, sind unsere Wirtschafts- und Innovationskraft. Sie sind die Basis unseres Lebensmodells – und spielen auch für den Klimaschutz die entscheidende Rolle.

Gerade im Bereich Nachhaltigkeit und Klimaschutz stehen neue Technologien vor der Tür, die wir richtig umsetzen oder für die Anwendung weiter beforschen müssen. Das »Ende der Geschichte« ist rund um Nachhaltigkeits- und Energiefragen noch lange nicht zu sehen. Schrumpfen – egal ob kontrolliert oder unkontrolliert – ist definitiv kein Programm für die Zukunft. Niemand will zurück in eine Subsistenzwirtschaft beziehungsweise in eine »grüne Überlebenswirtschaft« überwechseln. Wir brauchen für unser Lebensmodell möglichst sicheres und nachhaltiges Wachstum.

Eng verbunden mit nachhaltigem Wachstum ist das Erfolgsprinzip der wirtschaftlichen Vernunft. Wir tun gut daran, gerade rund um Nachhaltigkeitsthemen mehr auf wirtschaftliche Vernunft zu setzen. Unternehmerisches Denken und Handeln ist ja *per se* darauf ausgerichtet, »mehr aus weniger« zu machen. Die Entwicklung neuer Technologien und deren Umsetzung in wirtschaftlich tragfähige Lösungen sind dafür wichtiger denn je.

Unnötige Hürden, Verzögerungen, mangelnde Infrastrukturen und überlange Genehmigungsverfahren für wirtschaftliche Prozesse müssen auch aus diesem Grund der Vergangenheit angehören. Der harte internationale Wettbewerb in einer geopolitisch neu strukturierten Welt mit Klimaschutzzielen lässt sich sicher nicht mit Technologieverboten und kurzsichtigen Restriktionen für unsere Wirtschaft gewinnen. Das ist für eine gute Zukunft zu wenig: Wir müssen Wohlstand, Arbeit und Nachhaltigkeit gemeinsam verwirklichen. Und nicht gegeneinander.

Die grassierende Kapitalismuskritik übersieht neben der Bedeutung von Innovationskraft auch, dass wir uns in Österreich und Europa ja nicht in einer Marktwirtschaft ohne Attribute befinden, wie dies vielleicht auf die USA zutrifft. Wir wirtschaften traditionell im Rahmen einer sozialen Marktwirtschaft mit einer hohen Staats- und Sozialquote, die wir durch kluge, vertretbare ökologische Lenkungsanreize zu einer ökosozialen Marktwirtschaft weiterentwickeln. Das ist auch die große politische Aufgabe für die Zukunft – und sicher nicht das Absägen des (wirtschaftlichen) Asts, auf dem wir alle sitzen.

Zugleich geht es darum, die Potenziale der Wirtschaft besser für den Klimaschutz zu mobilisieren – und den Unternehmen nicht im Namen des Klimaschutzes neue Hürden aufzustellen.

Dass bürokratische Überregulierung nicht nur der Wertschöpfung und der Arbeit schadet, sondern auch der Umwelt, hat sich erfreulicherweise schon in der österreichischen Bundesregierung herumgesprochen. Nicht umsonst zielt die aktuelle Novelle des Gesetzes über die Umweltverträglichkeitsprüfung auf die Beschleunigung und Vereinfachung von Verfahren ab – und unterstützt damit auch maßgeblich Projekte zur Energiewende.

Fragwürdig ist es hingegen, wenn auf Unternehmen im Namen der Nachhaltigkeit ein neues Bürokratiemonster losgelassen wird: Gemeint ist die »Greenwashing«-Initiative der EU, die Unternehmen mit nachhaltigen Absichten in vielerlei Hinsicht das Leben schwer machen wird. Klimarelevante Angaben von Produkten und Leistungen müssen künftig wissenschaftlichen Erkenntnissen und Standards entsprechen und zudem von unabhängigen Dritten überprüft werden. Zudem soll stets der gesamte Lebenszyklus von Produkten erfasst werden – von klimaschädlichen Emissionen bei der Produktion bis hin zu möglichen Verschmutzungen bei der Nutzung und Entsorgung. Verstöße sollen streng sanktioniert werden.

Auch mit dem EU-Lieferkettengesetz gibt es übrigens wieder einen Alleingang der Europäischen Union, der Unternehmen ein Bürokratiemonster und dem Standort einen globalen

Wettbewerbsnachteil beschert. Die EU will damit bekanntlich Umweltschutz und Menschenrechte in globalen Lieferketten intensivieren und Unternehmen verstärkt in die Verantwortung nehmen. Neben hohen bürokratischen Hürden für Unternehmen und damit Kostensteigerungen für die Konsumenten benachteiligt das Gesetz kleinere Produzenten, warnen Kritiker. So gab der deutsche Kaffeehändler Alois Dallmayr Kaffee OHG im Herbst 2023 bekannt, sich aus Äthiopien zurückziehen zu wollen, da die EU eine digitale Rückverfolgbarkeit verordnet, die für Äthiopien nicht leistbar ist. Gerade Industrieverbände, Textilhersteller und Baukonzerne warnen schon länger vor dem Rückzug aus Entwicklungsländern.

Das deutsche Lieferkettensorgfaltspflichtengesetz zeigt außerdem, dass Politik doppelbödig agiert: Es gilt zwar für Betriebe mit mindestens 1000 Beschäftigten, aber nicht für die öffentliche Hand.

»Es ist eben eine Sache, wenn Regierungsmitglieder mit autokratischen Herrschern Energielieferungen aushandeln. Wie diese Geschäfte getreu dem Lieferkettengesetz abgewickelt werden, bleibt den Unternehmen überlassen«[129], kritisierte zu Recht Rainer Kirchdörfer, Vorstand der deutschen Stiftung Familienunternehmen und Politik. Letztlich müssten, so schlussfolgert er, die gesetzlichen Bestimmungen auch die für die Energiewende wichtigen Rohstoffe umfassen – wie Lithium zum Beispiel aus chinesischen Minen.

Es wäre keine Überraschung, wenn kleine und mittlere Unternehmen angesichts des enormen bürokratischen Aufwandes durch die »Greenwashing«-Initiative davon abgehen würden, bei ihren Produkten und Leistungen (noch) mehr für Umwelt und Klima zu tun. Viele regionale Betriebe könnten es sich bei Inkrafttreten eines entsprechenden Gesetzes gar nicht mehr leisten, ihre Produkte als »nachhaltig« oder »grün« qualifizieren zu lassen.

Die »Greenwashing«-Initiative der EU, so wie sie sich jetzt darstellt, beinhaltet nicht nur viel zu viele Detailregelungen, sondern auch ein fragwürdiges, wirtschaftskritisches und moralisch aufgeladenes Mindset:

- »Greenwashing« ist ein mittlerweile inflationärer Vorwurf vermeintlich »richtiger« Klimaschützer an jene, die das vermeintlich »nur zum Schein« tun. Dass jede Sensibilisierung für Umweltfragen ein wichtiger Schritt in die richtige Richtung ist, wird in dieser Schwarz-Weiß-Logik ignoriert.
- »Greenwashing« ist eine der vielen Unterstellungen und Pauschalverdächtigungen, wonach Betriebe ohnehin und per se nur mit unlauteren Mitteln arbeiten. Das passt auch perfekt in das Narrativ, dass Wirtschaft und Industrie bei der Umwelt immer das Problem und nie die Lösung seien.
- »Greenwashing« ist als pauschaler Vorwurf sachlich nicht hinreichend fundiert. Vor allem: Wer tatsächlich fundiert darüber entscheiden kann, was »Greenwashing« genau ist und was nicht, bleibt unklar. Dass der »Greenwashing«-Vorwurf oft im Shitstorm-Format geäußert wird, ist symptomatisch für die Art der Auseinandersetzung mit diesem Thema.

Sollen wir nicht eher Unternehmen bestärken, sich mit Umwelt- und Klimafragen zu beschäftigen, statt sie mit moralischen Unterstellungen und einem grünen Bürokratiemonster davon abzuhalten? Liegt es nicht an den Konsumenten selbst, wie sie mit Produktinformationen und Werbebotschaften umgehen?

Überhebliche Moralvorstellungen, gestrige Ideologien und übermäßige Bürokratie haben eine große Gemeinsamkeit:

Sie haben unsere Entwicklungschancen noch nie wirklich verbessert, sondern vielfach behindert. Das gilt auch für den Klimaschutz, den es im Rahmen unseres Wirtschafts- und Sozialmodells ohne wirtschaftliche Innovationskraft nicht geben wird.

Für den Angsterkrankungsexperten Dietmar Hansch ist aus psychologischer Perspektive ohnehin klar: »Post-Wachstums- oder Schrumpfungs-Konzepte sind psychologisch unrealistisch.«[130]

Und der Historiker Andreas Rödder mahnt mit Blick auf die gesamte Gesellschaft: »Es ist wichtig, auf die Vereinbarkeit von unterschiedlichen Zielen zu achten, denn Klimaschutz, der den gesamten Sozialstaat oder den ganzen Industriestandort ruinieren und ein Volk in Massenverarmung stürzen würde, wäre ja auch keine sinnvolle Lösung.«[131]

Globale Verantwortung bei Wachstum und Klimaschutz

Es wäre jedenfalls höchst unrealistisch, der Welt eine globale wirtschaftliche Schrumpfkur zu verordnen. Die Frage, ob die Weltwirtschaft weniger oder gar nicht wächst, stellt sich schlichtweg nicht. Die Schwellenländer hungern nach Wohlstand und wachsen ohne – oder nur mit wenig – Rücksicht auf Klima und Natur. Das können wir ihnen auch nicht verdenken. In der vormaligen sogenannten »Dritten Welt« haben es Hunderte Millionen Menschen aus der Armut in die Mittelschicht geschafft, was natürlich den Druck auf die natürlichen Ressourcen weiter erhöht. Umso mehr müssen wir die Gesellschaften, die am Sprung auf das Niveau des westlichen Wohlstands sind, dabei unterstützen, das fossile Zeitalter zu überspringen.

So, wie es in vielen Gegenden dieser Erde nie (Kupfer-kabel-)Festnetz gegeben hat, sondern der Technologiesprung von keinem Telefon aufs Handy erfolgte, so ist es unsere Verantwortung, dass wir diese Länder durch Technologietransfer unterstützen und dass dort statt eines Kohlekraftwerkes ein Wasser-, Sonnen- oder Windkraftwerk gebaut wird.

Ernst Ulrich von Weizsäcker fordert vor diesem Hintergrund eine neue Klima-Außen(wirtschafts)politik ein. Er schreibt: »Auch wenn Deutschland auf russisches Gas, Öl und Kohle verzichtet und stattdessen Wind- und Sonnenstrom in unserem Land forciert und Öl und Flüssiggas aus Amerika und dem Nahen Osten kauft, reicht das nicht, weil der deutsche Beitrag zu den globalen Treibhausgasemissionen nur zwei Prozent beträgt.« Und: »Wir müssen mithelfen, dass auch die übrigen 98 Prozent stark reduziert werden. Das heißt, wir brauchen eine neue Klima-Außenpolitik, die es in Entwicklungsländern wie Indien oder Algerien lukrativ macht, früher aus der Kohle und dem Öl auszusteigen. Grundgedanke ist der ›Budget-Ansatz‹, gemäß dem alle Länder ein pro Kopf gleiches Anrecht auf die für das 1,5 °C- oder 2 °C-Ziel insgesamt noch zulässigen Emissionen erhalten. Das würde uns nötigen, CO_2-Lizenzen aus dem Süden zu kaufen. Dann würde es dort lukrativ, Kohlekraftwerke stillzulegen, auf Sonnenenergie umzusteigen und die dadurch frei werdenden Lizenzen an den Norden zu verkaufen.«[132]

Für den Chef des Österreichischen Instituts für Wirtschaftsforschung, Gabriel Felbermayr, ist die Antwort auf die Frage, ob Klima retten und Wohlstand bewahren zusammengeht: »Ja, wenn es gelingt, auch die großen Volkswirtschaften ins Boot zu holen – bzw. deren Beispiel zu folgen. China etwa hat den weltweit größten CO_2-Emissionshandel gestartet.«[133]

Dazu kommt, dass China bei Solar- und Windkraftanlagen führend ist, günstige alkalische Elektrolyseure herstellt, mehr

Techniker und Wissenschaftler als Europa und die USA gemeinsam ausbildet und der weltweit führende Investor in Wind- und Solaranlagen ist, berichtet Bernd Spatzenegger in seinem Buch *Die Energielüge*[134].

Das Nachdenken über weltweites Wachstum ist zweifellos geprägt von den »Grenzen des Wachstums«, die der Club of Rome Anfang der 1970er-Jahre prognostizierte. Damals ging es nicht um den »Output«, sondern um den »Input« der globalen Wirtschaft. Die – falsche – Prognose von damals lautete, dass der Mangel an industriellen Rohstoffen ein Ende des Wachstums erzwingen würde. Dieses eindimensionale Verständnis von Wachstum prägt bis heute die Debatte. Es verkennt, dass die Geschichte der Ressourcen und ihrer Preise[135] sich laufend verändert – heute sind »Daten« der neue Goldschatz unserer Ökonomie –, und es übersieht vor allem, dass die Grenzen wirtschaftlichen Wachstums und wirtschaftlicher Produktivität immer wieder von menschlicher Innovationskraft verschoben werden. Wir entwickeln stets neue Strategien sowie Technologien und lernen, mit bestehenden und neuen Ressourcen – sowie deren Preisen – umzugehen. Insofern ist »Endlichkeit« keine adäquate Kategorie zur Beschreibung von Wachstumsprozessen.

An dieser Stelle ist auch klarzustellen: Angst vor dem »Rebound«-Effekt – höherer Verbrauch durch verbesserte Effizienz – ist fehl am Platz – und sicher kein Argument für wirtschaftliche Schrumpfung. Es überwiegt am Ende der Nutzen für Klima und Umwelt durch mehr Effizienz. Die Entkopplung von wirtschaftlicher Wertschöpfung und CO_2-Ausstoß ist der Beweis dafür. Technologiesprünge erhöhen den Nutzen für die Umwelt. Dass das »Rebound«-Argument in ökologischen Debatten sehr beliebig verwendet wird, zeigt sich auch an der bisherigen Tempo-100-Debatte in Österreich: Bei der

Einführung dieser Maßnahmen würde ja auch Sprit eingespart. Einen »Rebound«-Effekt im Sinn eines höheren Verkehrsaufkommens hat bisher aber niemand thematisiert.

Wachstum war und ist nie Selbstzweck, sondern Grundlage für gesellschaftlichen Fortschritt. Der ehemalige Grünenpolitiker Ralf Fücks schreibt dazu: »Die Geschichte der Industrialisierung in Europa war trotz aller Härten eine Geschichte des zivilisatorischen Fortschritts. Sie wiederholt sich gerade in anderen Teilen der Welt. Das alles war undenkbar ohne die gewaltige Steigerung der Arbeitsproduktivität und einen ständigen Prozess von technischen Neuerungen, die das Niveau des gesellschaftlichen Reichtums auf nie gekannte Höhen getrieben haben. Auf dieser Grundlage ist der Sozialstaat als institutionalisierter Klassenkompromiss entstanden. Langfristiges wirtschaftliches Wachstum ermöglichte den sozialen Ausgleich in Gestalt steigender Löhne und staatlicher Umverteilungspolitik.«[136]

Wachstum ist der Weg, Dinge besser zu machen – Schrumpfen eine Sackgasse für Wohlstand, soziale Sicherheit, nachhaltige Entwicklung, faire Bildung und gesellschaftliche Teilhabe. Unser Ziel muss daher »Zero Emission« und sicher nicht »Nullwachstum« lauten. Es kommt darauf an, neue Strategien für mehr Wachstum zu entwickeln, damit wir Innovationen möglich machen und den Umbau des Energiesystems finanzieren können. Wenn wir Wachstumsziele aufgeben, geben wir die Grundlagen für Fortschritt auf. Noch einmal Ralf Fücks: »Denn die ökologische Krise lässt sich nicht durch ein Stillstellen der Wirtschaft überwinden, sondern nur durch beschleunigten Strukturwandel und ein hohes Innovationstempo. Wir brauchen nicht weniger, sondern mehr Erfindungsreichtum und Unternehmergeist.«[137]

Ein klares Bekenntnis zu mehr und nicht weniger Wachstum hat auch MIT-Experte Andrew MacAfee in seinem Buch

More from less[138] abgelegt. Sein Befund lautet: Die Rettung der Umwelt ist nicht durch Verzicht zu erreichen, sondern nur durch weiteres Wachstum. McAfee stellt zwar fest, dass die Geschichte der Industrialisierung eine Geschichte der Zerstörung der Umwelt war – dies wende sich aber nun.

Die Industriestaaten haben seinen Analysen nach den Punkt erreicht, ab dem forcierter Kapitalismus in Kombination mit technischem Fortschritt zu weniger statt zu mehr Umweltzerstörung führt. Vor allem die Digitalisierung helfe, die Umwelt zu schonen und die Produktion intelligent zu steigern.[139] Wachstum ist unter diesen Umständen kein Problem mehr – sondern die Lösung.

Als eindrucksvollstes technologisches Beispiel für das Einsparen von Ressourcen nennt MacAfee übrigens das Smartphone: »Ich nehme an, sie haben kein Gerät wie Fax, Anrufbeantworter, Kassettenrekorder, CD-Spieler, Röhrenfernseher, Videorekorder oder Kleinbildkamera mehr zu Hause. Mindestens zwölf Geräte stecken in einem handlichen Gerät. Zugleich verzichten wir damit auf nichts, um den Planeten zu retten. Im Gegenteil.«[140]

These 8

Technologien sind unser mächtigster Hebel für eine bessere Klimazukunft

Um den Klimawandel zu verlangsamen und seine negativen Auswirkungen zu reduzieren, braucht es wirksame Technologien. Die Bandbreite an aktuellen und potenziellen Innovationen zeigt, dass neue Technologien unser mächtigster Hebel für eine bessere Zukunft sind. Österreich hat bei Umwelttechnologien besondere Chancen.

>> Ein europaweites Netzwerk erneuerbarer Energien liefert klimafreundlichen Strom und Wärmeenergie. Gebäude werden zu Miniaturkraftwerken, die mehr Energie erzeugen, als sie verbrauchen. Wir bewegen uns durch die Stadt im fließenden Wechsel zwischen öffentlichen Verkehrsmitteln, Fahrrädern und Elektroautos, die bei Bedarf geliehen und wieder abgestellt werden. Elektrobatterien fungieren zugleich als Stromspeicher, die Überschussstrom aufnehmen und in Zeiten hoher Nachfrage wieder einspeisen. Miniaturisierung der Technik reduziert den Materialverbrauch; Computer, Maschinen und Motoren werden kleiner, leichter und leistungsfähiger. Integrierte Wertschöpfungsketten ermöglichen die optimale Nutzung natürlicher Ressourcen. Abfälle fließen entweder in den biologischen oder in den technischen Kreislauf zurück. Energieeffizienz und Wiederverwertbarkeit bestimmen das Design von Geräten. Ultrafiltrationsanlagen verwandeln Abwasser in Trinkwasser. Rund um die Städte entstehen agroindustrielle Zentren, die Landwirtschaft, Gartenbau, Tierzucht, Weiterverarbeitung und Energieproduktion in geschlossenen Kreisläufen kombinieren. Ein Teil der Nahrungsmittelproduktion kehrt in die Stadt zurück. In alten Fabriken, vertikalen Gewächshäusern und Dachfarmen werden zu allen Jahreszeiten Gemüse, Obst und Pilze angebaut. Abwärme und Kohlendioxid aus Industrieanlagen werden für den Betrieb von Treibhäusern und die Zucht von Algen genutzt. Rekultivierung von Böden, moderne Kreis-

laufwirtschaft und verfeinerte Pflanzenzucht erlauben die nachhaltige Steigerung landwirtschaftlicher Erträge. Biotechnologie – die technische Nutzung biologischer Prozesse und Ressourcen – wird zur neuen Leitwissenschaft. Künstliche Fotosynthese ermöglicht die Umwandlung von Sonnenlicht, Wasser und Kohlendioxid in synthetische Kraftstoffe. Bioreaktoren erzeugen Chemikalien aus organischen Abfällen und Cellulose. Ökonomie wird zum Stoffwechsel mit der Natur.[141] «

Was Ralf Fücks in seinem bereits vor zehn Jahren erschienenen Buch *Intelligent Wachsen* formuliert hat, hat mit Apokalypse offensichtlich nichts zu tun, sondern sehr viel mit Zuversicht, die auf Erfindungsgeist und Innovationskraft des Menschen gründet. Genau darauf kommt es jetzt mehr denn je an.

Welche Visionen und Szenarien rund um eine klimafreundliche Zukunft wahr werden, hängt von uns ab: vom menschlichen Forschergeist – und von der Fähigkeit, ihn in Produkte, Leistungen und Lösungen umzusetzen. Wir müssen daher offen für das Neue bleiben, wenn wir die Herausforderungen des Klimawandels bewältigen und dabei unser Lebens- und Gesellschaftsmodell sichern wollen. Wir müssen Technologien weiterentwickeln und den Klimaschutz mit Technologien zu einem guten Geschäft machen.

Die Zeichen dafür stehen sehr positiv, wenn man die globalen Investitionen in diesen Bereich als Maßstab nimmt. Investitionen in »Climate Tech« beziehungsweise in klimafreundliche Technologien zeigen laut einer PwC-Studie[142] starkes Wachstum. Der Climate-Tech-Sektor umfasst sowohl Technologien zur direkten Emissionsminderung oder Emissionsbeseitigung als auch Technologien zur Anpassung an die Auswirkungen des Klimawandels. Der Sektor Mobilität und Verkehr zieht bisher die höchsten Investitionen an. Auch in den Bereichen Industrie, Fertigung und Ressourcennutzung verzeichnet PwC erhebliches Wachstum.

Grüne Technologien sind weltweit auf Wachstumskurs: Betrug 2020 das globale Marktvolumen der Schlüsselsektoren in der GreenTech-Branche bereits 4,6 Billionen Euro, wird es bis 2030 voraussichtlich auf 9,4 Billionen Euro ansteigen.

Wachstumspakete wie der European Green Deal, in den bis 2050 insgesamt 1,8 Billionen Euro fließen sollen, bringen erhebliche Investitionsimpulse.

Im *GreenTech-Atlas* von Roland Berger werden sieben Leitmärkte für die Zukunft herausgearbeitet, auf die wir uns aus ökologischen und wirtschaftlichen Gründen verstärkt ausrichten sollten:[143]

1. Umweltfreundliche Energien und Energiespeicherung: Neben erneuerbaren Energien und nachwachsenden Rohstoffen steht natürlich auch die Speicherung von Energie im Fokus.
2. Energieeffizienz: Umwelttechnologien für mehr Effizienz sind für die gesamte Wirtschaft wichtig. Wichtiges Handlungsfeld ist zum Beispiel die Baubranche.
3. Rohstoffeffizienz und Materialeffizienz: Rohstoffe wieder in den Kreislauf einzubringen, schont Ressourcen und Umwelt. Dafür sind auch neue Materialien nötig, die sich vollständig trennen und ohne Qualitätsverlust wiederverwerten lassen.
4. Nachhaltige Mobilität: Die E-Mobilität wird weiter ausgebaut werden. Daneben braucht es neue Antriebssysteme und neue Services wie intelligente Sharing-Systeme, die auch außerhalb von Ballungszentren funktionieren.
5. Kreislaufwirtschaft: Lange Nutzung, Reparatur und Wiederverwertung von Komponenten ohne Qualitätsverlust verändern die Wirtschaft, ermöglichen neue Geschäftsmodelle und unterstützen zukunftsträchtiges Wachstum.

6. Nachhaltige Wasserwirtschaft: Der verantwortungsvolle Umgang mit der wertvollen Ressource Wasser und seine Nutzung für klimafreundliche Energieerzeugung werden immer wichtiger. Wasserknappheit erreicht auch Regionen, die dieses Problem bisher nicht hatten.
7. Nachhaltige Agrar- und Forstwirtschaft: Ohne Ausbeutung der Böden und mit angepassten Systemen der Bewässerung wird die Landwirtschaft die Menschen weiter versorgen können. Der sorgsame Umgang mit Wäldern macht die nachwachsende Ressource Holz zum Nachhaltigkeitsfaktor für die unterschiedlichsten Branchen – von der Bauwirtschaft bis zur Energieerzeugung.

Große Chance für den Wirtschaftsstandort

Die gute Nachricht für Österreich: Unser Standort hat hervorragende Voraussetzungen, um auf diesen Leitmärkten zu reüssieren. Bei Technologien, die sowohl im Produktionsprozess als auch in der Supply-Chain umweltfreundlich sind, wie saubere Energieerzeugung und alternative Brennstoffe, besteht enormes Wachstumspotenzial. Die österreichische GreenTech-Branche erwirtschaftete 2019 einen Umsatz von etwa 12 Milliarden Euro und beschäftigte fast 40 000 Menschen. Diese Erfolge sind unter anderem auf die ausgeprägte Export-, Forschungs- und Innovationstätigkeit der österreichischen Wirtschaft zurückzuführen.

Generell haben Umwelttechnologien, Energieeffizienz und alternative Energieerzeugung in Österreich eine lange Tradition. Auch Weltmarktführer kommen aus Österreich, wie zum Beispiel das bei der Batterieladetechnik führende Unternehmen Fronius oder die auf Anlagen und Technologien für Wasserkraft spezialisierte Andritz AG.

Österreichs Umwelttechnikindustrie weist eine hohe Dynamik auf und zählt zu den am schnellsten wachsenden Branchen mit internationaler Strahlkraft. Über 70 % der Umsätze werden im Export erwirtschaftet. Schon heute interessieren sich neun von zehn ausländischen Wirtschaftsdelegationen, die nach Österreich kommen, für unser Know-how rund um GreenTech. Die konstant hohe Innovationsfreudigkeit der Umwelttechnik-Betriebe sichert ihre Wettbewerbsfähigkeit gegenüber der starken internationalen Konkurrenz. Die erneuerbare Energietechnologie hat in Österreich einen neuen Industriezweig hervorgebracht, der uns eine internationale Vorreiterrolle eingebracht hat.

ÖSTERREICHS GREENTECH-INDUSTRIE WÄCHST WEITER

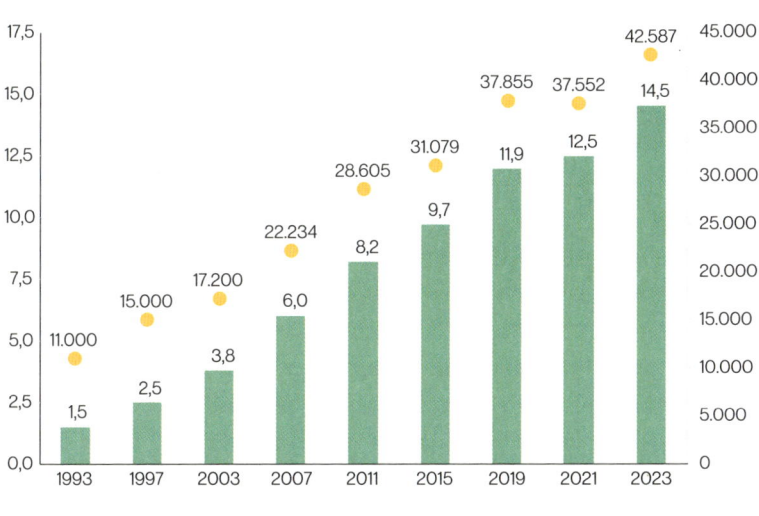

Quelle: Entwicklung der Umwelttechnik-Industrie als vitaler Teil der Umwelttechnik-Wirtschaft
(Erhebungen von IWI/P-IC und WIFO), Nachhaltigwirtschaften.at

Die Fähigkeit, mit neuen Technologien neue Wege zu gehen, wird auch immer wieder in international relevanten Projekten deutlich: Ein EU-weites Vorzeigeprojekt aus Österreich ist etwa das Projekt H2Future der voestalpine. Sie hat gemeinsam mit ihren Partnern Verbund, Siemens und APG eine der weltweit modernsten und größten Elektrolyseanlagen zur Erzeugung von grünem Wasserstoff gestartet, der statt Koks als Energieträger bei der Stahlerzeugung eingesetzt werden soll. Das Projekt ReOil der OMV wiederum ist ein klassisches Kreislaufprojekt, bei dem Kunststoffabfälle als Rohstoffbasis für Öl genutzt werden.

Wie wichtig das Zusammenspiel von Forschung und Wirtschaft für wirksame Klimatechnologien ist und welche Technologien in der Pipeline stecken, zeigt ein kurzer Überblick über Innovationen in wesentlichen Handlungsfeldern.

Technologien, die uns ermöglichen, die Abhängigkeit von fossilen Brennstoffen zu verringern, sind Herzstück der Energiewende. Große Unternehmen und Start-ups arbeiten mit Hochdruck daran, diese Technologien kosteneffektiver und skalierbarer zu machen.

Auch das Grazer Start-up Kite Rise Technologies ist ein Vorzeigeunternehmen österreichischer Innovation: Es entwickelt Stromspeicher auf Basis von Salz. Natrium-Ionen-Speicher sollen etwa in Kombination mit PV-Anlagen Betrieben, Landwirten und Privathaushalten umweltfreundliche und sichere Batterietechnologien zur Verfügung stellen. Die knappen Rohstoffe Lithium und Kobalt müssen dafür nicht verwendet werden. Natrium-Ionen-Speicher sind auch in der Entsorgung umweltfreundlicher.[144]

Noch »geschmackvoller« sind die umweltfreundlichen Flüssigbatterien, die Forscher rund um Stefan Spirk vom Institut für Biobasierte Produkte und Papiertechnik der

TU Graz entwickeln: Der Aromastoff Vanillin wird im Forschungsprojekt »VanillaFlow« als Elektrolyt-Material eingesetzt. Die sogenannten Redox-Flow-Batterien können große Energiemengen speichern. Sie eignen sich gut für eine unterbrechungsfreie Energieversorgung, wie sie etwa in Krankenhäusern oder Kraftwerken benötigt wird. Im Vergleich zu Lithium-Ionen-Batterien sind diese umweltfreundlichen Batterien langlebiger und weniger (brand-)gefährlich. Vanillin wird übrigens aus dem natürlichen Stoff Lignin gewonnen, der bei der Papierherstellung als Abfall anfällt. Künstliche Intelligenz hilft dabei, die optimale Zusammensetzung der Speicherflüssigkeit zu ermitteln und ein innovatives Design zu entwickeln.[145]

Das steirische Unternehmen Emerald Horizon setzt wiederum auf eine Technologie, in die derzeit auch Bill Gates mit seinem Unternehmen Terrapower große Summen investiert: Thoriumreaktoren. Kleine, mit Thorium betriebene Reaktoren sollen sicherer, aber auch effizienter werden als große Reaktoren, die mit Uran Energie produzieren. Die Reaktoren sollen mit einem flüssigen Kern aus Thorium betrieben werden, der in geschmolzenem Salz gelöst ist.[146] Dadurch soll auch eine Kernschmelze nicht mehr möglich sein. Dass – wie das Engagement von Bill Gates zeigt – die USA bei neuen Varianten der Kernkraftnutzung ein attraktiver Standort sind, zeigt auch die Abwanderung des Münchner Technologie-Start-ups Marvel Fusion: Das Unternehmen will seinen nächsten Entwicklungsschritt zur kommerziellen Nutzung der Kernfusion in den Vereinigten Staaten machen. Gemeinsam mit der Colorado State University möchte es bis zum Ende des Jahrzehnts für 150 Millionen Dollar die bislang leistungsstärkste Kurzpuls-Laseranlage der Welt bauen. Sie soll der Grundstein für ein internationales Exzellenzzentrum zur Entwicklung der Laserfusion sein.[147]

Wie rasch sich aus undurchführbar erscheinenden Clean-Energy-Ideen konkrete Projekte entwickeln können, zeigt sich auch am Beispiel schwimmender Windkraftanlagen.[148] Sie sind eine Antwort auf das Problem, dass konventionelle Offshore-Anlagen im Meer nur im flachen Wasser – bis maximal 60 Meter Tiefe – betrieben werden können. Damit kam bisher nur ein Bruchteil der Weltmeere für diese Energietechnologie infrage. Mit schwimmenden Windturbinen lassen sich künftig aber auch bisher unzugängliche Standorte auf dem offenen Meer erschließen. Die schwimmenden Windräder benötigen ein Gegengewicht für die Stabilität und Anker, die sie am Meeresboden fixieren. Der Wettbewerb um entsprechende Lösungen und Anlagen ist bereits in vollem Gange. So entwickeln die Wind-Engineering-Experten des deutschen Unternehmens GICON Pilotanlagen für den asiatischen Raum. Das weltweite Potenzial ausgereifter Lösungen ist enorm. Ein weiteres wichtiges Zukunftsthema zur Gewinnung sauberer Energie ist die kinetische Energiegewinnung. Damit sind Geräte gemeint, die Bewegungsenergie ernten, umwandeln und speichern können. Menschen können diese Energie durch Gehen oder Fahrradfahren erzeugen. Aber auch natürliche Elemente, wie beispielsweise Windkraft oder Wellen, können kinetische Energie erzeugen.

Eine der neuesten Entwicklungen auf diesem Gebiet umfasst die Nutzung mikroelektromechanischer Systeme, eines autonomen Plasmaschalters zur Steuerung triboelektrischer Nanogeneratoren und winziger Energy-Harvesting-Geräte, mit denen mechanische Bewegungen durch Triboelektrifizierung in elektrische Leistungen umgewandelt werden können. In Pflastersteinen implementiert kann etwa Bewegungsenergie gesammelt und zur Stromversorgung der Straßenlaternen genutzt werden. Die Technologie verwendet eine leitfähige Flüssigkeit, um Reibung auf einer mit einem Nanofilm bedeckten Oberfläche zu erzeugen. Kombiniert mit einer perforierten Schicht, die Blasen von unter Druck stehendem Gas aufnimmt, wird Energie erzeugt, die in einer Batterie gespeichert und genutzt werden kann.[149]

Eine andere Erfindung zur kinetischen Energiegewinnung sind Eisenbahnschwellen aus recyceltem Kunststoff: Mit den gleichen mechanischen Eigenschaften wie herkömmliche Stahlbetonschwellen können diese neuartigen Bahnschwellen mittels Energy-Harvesting die kinetische Energie aus der von Zügen erzeugten Bewegung verfügbar machen. Dafür werden piezoelektrische Materialien eingesetzt. Sobald diese gedehnt, verformt oder gestaucht werden, kommt es zu einer Verschiebung von Ladungen in ihrem Inneren. Zur Gewinnung von Energie aus Sonnenlicht werden außerdem Photovoltaikpaneele integriert. Die umweltfreundliche Bahn wird damit zum Produzenten umweltfreundlicher Energie.

Vieles, was im Energiesektor bisher in die Kategorie »Science-Fiction« eingeordnet wurde, ist dementsprechend bereits Gegenstand konkreter Forschungsprojekte.

Dazu zählt auch das Sonnenlicht aus dem All: Der Wirkungsgrad von weltraumgestützten Photovoltaikanlagen ist wesentlich höher als bei Anlagen auf der Erde. Japan, China, die USA und Europa wollen – jeder für sich – Sonnenenergie aus dem All zur Erde bringen.[150]

Das California Institute of Technology hat erstmals einen Satelliten im Weltraum platziert, der vor Ort Sonnenstrom erzeugen und zur Erde schicken kann.[151] Solarkraftwerke in der Erdumlaufbahn könnten künftig unabhängig von Wetter und Tageszeit die Erde mit Energie versorgen.[152]

Wichtiges Thema im Bereich Clean Energy auf der Erde ist natürlich die Verbesserung der Strom- und Wärmeleiter. Dabei könnte die Kohlenstoff-Nanoröhre neue Perspektiven eröffnen, die bereits als Prototyp existiert. Dabei handelt es sich um hohle zylindrische Rohre aus Kohlenstoff, die dünner als eine menschliche Haarsträhne sind und deutlich stärker als Stahl sein können. Das Material hat die Fähigkeit, Elektrizität und Wärme über eine große Oberfläche zu leiten, was neue Ansätze zur Verbesserung von Lithiumbatterien liefern kann. Eine hybride Kombination aus Kohlenstoff- und Graphen-Nanoröhrchen würde die Kapazität des verfügbaren Batterievolumens maximieren.[153]

Smart Agriculture: Mehr aus weniger machen

Klimafreundliche Technologien zur Energiegewinnung und -speicherung sind das eine – die Vermeidung von CO_2-Emissionen die andere große Stellschraube beim Klimaschutz. Die Lebensmittelproduktion – samt Viehzucht – verursacht erhebliche Mengen an Treibhausgasen. Mit wachsender Weltbevölkerung und daher auch wachsendem Nahrungsmittelbedarf werden diese Emissionen weiter zunehmen. Gerade bei diesem Thema wird besonders deutlich, dass die Zukunft nicht im Schrumpfen und Verzichten (auf Nahrung) liegen kann, sondern in neuen Technologien für eine intelligente Präzisionslandwirtschaft.

Auch hier macht unsere Innovationskraft den Unterschied: Start-ups entwickeln etwa automatisierte Anbausysteme, die wesentlich weniger Fläche und Wasser als konventionelle Landwirtschaft benötigen, darunter urbane Anbausysteme wie vertikale Farmen und Aquaponik sowie Gewächshäuser. Lebensmittel-Start-ups arbeiten wiederum an pflanzenbasierten Fleischersatzprodukten, die sich in bestehende Produktionslinien integrieren lassen. Mehrere österreichische Unternehmen zeigen auf beeindruckende Weise, wie die Lebensmittelproduktion der Zukunft aussehen kann.

So bietet Blue Planet Ecosystems innovative Aquakultur-anlagen für eine nachhaltige Fischproduktion.[154] Für seine vollautomatische Fischzucht verwendet das Unternehmen Sonnenlicht als Energiequelle, um damit Algen zum Wachstum zu bringen, die ihrerseits Nahrung für Plankton sind. Das Plankton dient den Fischen als Futter. Das CO_2 kommt zurück in den Algenkreislauf und wird dort abgebaut. Anliegen des Unternehmens ist es, die Fischzucht so intuitiv zu gestalten wie die Bedienung eines modernen Smartphones. Blue Planet Ecosystems hat daher eine Steuerungssoftware entwickelt, die Datenerfassung, Datenverarbeitung und datengesteuerten Betrieb in einem System zusammenfasst, das autonom ar-beiten kann. Dies ermöglicht Kunden den Betrieb von Aqua-kulturanlagen ohne tiefgreifende Vorkenntnisse in Biologie, Tierhaltung, Verfahrenstechnik und Logistik. Die gesamte Komplexität wird für den Kunden ausgeblendet. Diese Tech-nologie soll es ermöglichen, Meeresfrüchte nah am Konsu-menten und vor allem nachhaltig zu produzieren.

International und medial viel beachtet ist auch das Start-up Livin Farms der gelernten Industriedesignerin Katharina Unger. Sie bietet eine Insektenzuchtfarm sowohl für zu Hause (»The Hive«) als auch für den industriellen Bedarf (»The Hive Pro«) an. Livin Farms gilt als Pionier bei der Zucht von Insekten in modularen Systemen. Dabei werden Reststoffe verfüttert und die Insekten als Quelle für alternative Proteine genützt. »Im Gegensatz zu konventionellen Nutztieren ver-ursachen Insekten sehr geringe Emissionen. Sie sind aber sehr gute Lieferanten von Eiweiß, Nährstoffen, ungesättigten Fettsäuren und Vitaminen. Insekten benötigen natürlich weit weniger Landfläche als herkömmliche Nutztiere. Sie können mit Stoffen gefüttert werden, die sonst verbrannt oder kom-postiert werden«[155], so die Beschreibung von Livin Farms auf der AWS-Website.

Wie sich aus bestehenden Ressourcen mehr machen lässt, zeigt auch Kern Tec, ein österreichischer Verarbeiter von Steinobstkernen der Marille, Zwetschke und Kirsche. »Kern Tec führt die Kerne wieder der Lebensmittelindustrie zu. Aus den bisher ungenutzten Obstkernen werden innovative, nachhaltige Zutaten und einfach anwendbare Ready-to-Use-Solutions für die Lebensmittelindustrie entwickelt, wie pflanzliche Milchalternativen, Schoko-Aufstriche oder Gourmetöle«, so das Unternehmen.[156] Die gelebte Kreislaufwirtschaft von Kern Tec überzeugt auch durch einen im Vergleich zum Wettbewerb stark verringerten CO_2-Fußabdruck und minimalen Wasserverbrauch.

Ein weiteres – in Österreich und Europa zweifellos viel diskutiertes – Zukunftsthema ist Fleisch aus dem Labor. Auch hier ist österreichisches Know-how federführend beteiligt. Die Grazer Chemikerin Patricia Bubner hat in den USA das Start-up Orbillion im Silicon Valley gegründet. Sie kultiviert und züchtet mit Partnern japanisches Wagyu-Rindfleisch und amerikanisches Bison-, Lamm- und Rothirschfleisch im Labor. Das Rindfleisch soll, so der Plan, ab 2026 preislich mit konventionellem Fleisch mithalten können und nach Europa exportiert werden. Damit Fleisch im Labor wächst, werden einzelne Muskel- und Fettstammzellen des entsprechenden Tieres auf einen Nährboden gesetzt. In Bioreaktoren wachsen die Muskelfasern heran. Gerüste üben Zug aus, um sie zu trainieren. Die Fasern werden anschließend zu einer Fleischmasse, etwa für Burger, verarbeitet.[157]

Noch ist diese Technologie in Europa nicht zugelassen. Die EU fördert aus den Mitteln des Horizon-Forschungsprogramms das Projekt »Meat4All«, um den Fleischzuchtmarkt zu stärken.

Auch wenn manchen diese Beispiele noch gewöhnungsbedürftig erscheinen: Auch bei der Ernährung eröffnen neue

Technologien vollkommen neue Möglichkeiten für klimafreundliche Produktion. Auf das Schnitzel aus echtem Fleisch
wird man aber erst mal nicht verzichten müssen.

Nicht nur landwirtschaftliche Produkte, auch Produktions-
mittel lassen sich mithilfe von neuen Technologien besser
schützen – etwa vor Dürre. Das Unternehmen AgroBiogel
hat ein Gel entwickelt, das Feuchtigkeit länger im Boden
hält.[158] Es handelt sich dabei um einen neuartigen, biobasierten
Superabsorber für Wasser sowie zur Speicherung von Dünge-
mitteln und deren langsame Freisetzung für landwirtschaftliche Anwendungen. Agrobiogel erhöht die Wasserspeicher-
kapazität, die organische Substanz und die Fruchtbarkeit des
Bodens und verwandelt unproduktive Flächen wie Sand-
böden in produktives Ackerland, so das Unternehmen. Mit
Agrobiogel sollen Nutzpflanzen Dürreperioden über lange
Zeiträume überstehen. So können Gärtner und Landwirte
bis zu 40 % Bewässerungswasser und Energie einsparen.
Agrobiogel baut sich nach einigen Jahren zu Humus ab und
erhöht so die Bodenfruchtbarkeit. Es bindet Düngemittel
und setzt sie langsam frei, wodurch eine umweltschädliche
Auswaschung verhindert wird.

Ein neues Tool für die Landwirtschaft ist die »InRow
Hacke« der Firma Farm-ING.[159] Das innovative Hackgerät
soll dazu beitragen, die Landwirtschaft nachhaltiger zu gestalten. Damit Nutzpflanzen nicht mit Unkraut um Platz,
Licht, Nährstoffe und Wasser konkurrieren müssen, ist es in
der Landwirtschaft wichtig, Unkraut zu bekämpfen. Die
»InRow Hacke« nutzt dafür nicht Chemikalien, sondern intelligente Technologien wie künstliche Intelligenz, um zwischen Nutzpflanzen und Unkraut zu unterscheiden. Sie verfügt über einen Mechanismus, der das Unkraut zwischen den
Pflanzenreihen entfernt, was besonders hilfreich bei Kräutern,

Gemüse und Zuckerrüben ist. Dies ermöglicht ein effizientes und ressourcenschonendes Arbeiten auf großen Feldern.

Wie sehr die Natur selbst Technologien prägt, zeigt biotechnologisch hergestellte Spinnenseide. Das Unternehmen Amsilk stellt die Spinnenseidenproteine als Zusatz für Shampoos oder zur Beschichtung von Brustimplantaten her. Aus der synthetischen Spinnenseide wird zudem eine Faser gesponnen, die von adidas für Schuhe und von Omega für Uhrenarmbänder genutzt wird. Sogar Airbus setzt auf die als »Biosteel« bezeichnete Faser, um neue Leichtbaukomposite zu entwickeln.[160]

Sustainable Mobility: Vom Faltrad bis zum Hyperloop

Der Mobilitätssektor ist in vielerlei Hinsicht in Bewegung. Die Bandbreite der Innovationen und neuen Technologien ist enorm. Sie reicht vom erfolgreichen österreichischen Vello-Bike[161] mit oder ohne E-Motor über Fahrzeugreifen aus Löwenzahn-Kautschuk (statt aus Erdöl) bis hin zum Zukunftskonzept des Hyperloop[162] – einem abgedichteten Rohrsystem mit reduziertem Druck und nahezu reibungsfreier Umgebung. Die darin magnetisch schwebenden Kapseln sollen sich mit einer Geschwindigkeit von etwa 966 km/h (600 mph) und sehr geringem Energieverbrauch fortbewegen, was vollkommen neue Perspektiven für den Verkehr zwischen Städten eröffnen würde.

Die kluge Kombination unterschiedlicher Technologien und Energiequellen wird für die Zukunft der Automobilität entscheidend sein. Das Fraunhofer-Institut für Solare Energiesysteme setzt auf Photovoltaikmodule in beziehungsweise auf Fahrzeugen.[163] E-Mobilität mit integrierten PV-Modulen bringt höhere Reichweiten, Fahrzeuge mit Verbrennungs-motor sparen Treibstoff und reduzieren ihre Emissionen, Verkehrswege lassen sich zusätzlich als Kraftwerke betreiben, so das Konzept. Weil Module auf Fahrzeugen und Verkehrswegen sehr anspruchsvollen Belastungen ausgesetzt sind, entwickeln die Fraunhofer-Experten Solarmodule, die diesen extremen Anforderungen gerecht werden.

Neue Wege beim Fahrzeugantrieb ist die Obrist-Group aus Vorarlberg gegangen. Sie hat ein Tesla-Elektroauto so umgebaut, dass es eine Reichweite von 1000 Kilometern erzielt.[164] Dabei werden ein Elektro- und ein Verbrennungsmotor kombiniert. Der Verbrennungsmotor treibt das Auto nicht an, sondern lädt über einen Generator einen – im Vergleich zu herkömmlichen Elektroautos – deutlich kleineren Lithium-Ionen-Akku. Bis zu einer Geschwindigkeit von 60 Stundenkilometern wird das Auto rein batterieelektrisch angetrieben. Darüber schaltet sich der mit E-Methanol betankte Verbrennungsmotor hinzu, der eine E-Maschine antreibt, die als Generator fungiert. Die erzeugte elektrische Energie wird dann an eine zweite E-Maschine weitergeleitet, die für den Antrieb zuständig ist. Methanol entzieht bei der Herstellung der Luft mehr CO_2, als das Auto letztlich ausstößt. Deshalb gilt die Entwicklung als »World's First CO_2 negative Energy Carrier«.

Der Einsatz von Methanol als nachhaltiger synthetischer Treibstoff spielt auch beim Power-to-Liquid(PtL)-Konzept des Fraunhofer-Instituts für Solare Energiesysteme eine zentrale Rolle. Es basiert auf der Umwandlung erneuerbarer Energie in flüssige Kraftstoffe und Chemikalien wie Methanol, Oxymethylenether, Ammoniak und Fischer-Tropsch-Produkte. Diese Flüssigkeiten liefern die hohe Energiedichte, die für Flugzeuge, Schiffe und andere Anwendungen mit hohem Energiebedarf erforderlich ist. Darüber hinaus sind neueste thermochemische katalytische Verfahren dazu geeignet, »Drop-in«-Kraftstoffe herzustellen, die mit der bestehenden Infrastruktur kompatibel sind. Sauerstoffhaltige Kraftstoffe auf Methanolbasis gewinnen zunehmend an Interesse, da sie Verbrennungseigenschaften bieten, die zur Verringerung lokaler Emissionen beitragen könnten, berichten die Fachleute des Instituts. Eine wesentliche Voraussetzung für Power-to-Liquid-Verfahren ist die Verfügbarkeit von Wasserstoff oder Synthesegas mit einem sehr geringen CO_2-Fußabdruck. Unter diesen Umständen könnten die Well-to-Wheel-CO_2-Emissionen im Vergleich zum fossilen Benchmark um 90 % reduziert werden.

Neue Wege mit Wasserstoff in der Luftfahrt beschreitet Destinus bei der Entwicklung eines Hyperschallflugzeugs: Der aktuell entwickelte »Hypersonic Jet« soll Wasserstoff als Treibstoff verwenden und Geschwindigkeiten von mehr als der fünffachen Schallgeschwindigkeit erreichen.[165] Schneller und nachhaltiger kommt man wohl zu keinem weit entfernten Ziel, wenn diese Technologie umgesetzt werden kann.

Green Building: Auf dem Weg zum Null-Energie-Gebäude

Der Gebäudesektor ist ein wichtiges Handlungsfeld für weniger CO_2-Emissionen. Nicht nur energieeffizientes Sanieren, sondern auch Wieder- und Weiterverwerten sind große Themen. Ganz im Sinn der Kreislaufwirtschaft gewinnen »Re-Use«-Konzepte für Bauteile nicht nur in der Theorie, sondern auch in der Praxis an Bedeutung.[166]

Gebäude, die von Anfang an »grün« geplant sind, bieten zahlreiche Vorteile, darunter die Reduzierung des negativen Einflusses auf die Umwelt, die Verbesserung der Energieeffizienz und die Schaffung eines gesünderen Innenraumklimas.

Gerade im Energiebereich gibt es zahlreiche Möglichkeiten, um den Verbrauch und damit auch die CO_2-Emissionen von Häusern deutlich reduzieren zu können.

Eine konkrete Vision sind »Null-Energie-Gebäude«[167]. Das sind Gebäude mit einem Netto-Energieverbrauch von null oder nahezu null – und ohne lokale Kohlenstoffemissionen. Mittels Gebäudetechnik und einem neuartigen Bausystem ist es möglich, die CO_2-Betriebsemissionen drastisch zu reduzieren. Energie wird dabei möglichst sparsam eingesetzt und auch aus erneuerbaren Quellen wie Photovoltaik, Windturbinen und kleinen Wasserkraftwerken vor Ort erzeugt.

Die Kombination aus nachhaltigem Bauwesen und Biotechnologie wird uns ermöglichen, in näherer Zukunft ein druckbares Zuhause aus überschüssigem Holzabfall herzustellen. Auch feuerfeste Wolkenkratzer, hergestellt aus Ingenieurholz, als ökologischere Alternative zu Betonbauten sind Teil der künftigen Immobilienrealität. In Perth entsteht das bisher höchste Hybrid-Hochhaus, das zu 42 % aus Holz besteht – mit einer Höhe von 192 Metern.[168]

Die Nachhaltigkeitsexpertin Tara Shirvani berichtet in ihrem Buch *Plastikfresser und Turbobäume*[169] von neuen Formen der Baustoffentwicklung: So gibt es in den USA bereits das erste Unternehmen, das mithilfe von Bakterien grünen, nachhaltigen Biozement bei Raumtemperaturen ohne CO_2-Emissionen herstellt. Das Unternehmen nutzt dabei Bakterien, die bereits seit Urzeiten Zement herstellen. Durch synthetische Biologie sei es möglich, auf biologische Weise Kalziumkarbonat und Bio-Zementsteine herzustellen. Zudem seien einige Baustoffe bereits so konzipiert, dass sie bestehende Materialien verbessern. Als Beispiel nennt die Expertin eine Art von selbstheilendem Beton, der an der New Yorker Binghamton University und der Rutgers University entwickelt wurde. Der Beton wird mit Sporen versetzt, und sobald er aushärtet, bleiben diese Sporen inaktiv. Entstehen nach Jahren durch die Witterung erste leichte Risse im Beton und dringen Wasser sowie Sauerstoff in das Innere ein, dann regt das die Sporen zum Wachstum an. Die wachsenden Sporen versiegeln Risse – und gehen wieder in den Ruhezustand über. Damit ist ein »Kreislauf der Selbstreparatur« in Gang gesetzt.

Im Sinn einer funktionierenden Kreislaufwirtschaft ist auch der Abfall, der in Gebäuden entsteht, ein Thema. Auch hier gibt es zukunftsweisende Lösungen, etwa zur Aufarbeitung von unsortiertem Abfall: Die *Innovation Map 2022* der Wirtschaftskammer Österreich[170] präsentiert dazu das Konzept eines energieeffizienten Recyclingverfahrens, bei dem unsortierter, allgemeiner Hausmüll durch thermische Umwandlungsverfahren zu wiederverwertbarem, thermoplastischem Kunststoffersatz wird. Moderne Aufbereitungsanlagen mit Scannern identifizieren dabei den Abfall während des Recyclings. Diese Methode wandelt Abfall in einfachere, natürliche Partikel um, die später in verschiedenen Herstellungsverfahren wieder genutzt werden können. Das Endprodukt ist ein biobasierter Verbundwerkstoff, der energieeffizient und umweltverträglich ist. Diese dynamische Lösung reduziert auch die Kosten für Logistik und Hausmüllbehandlung.

Mehr aus Abfällen macht auch das Projekt »Abfall zu Abwasch« der Universität Graz. Damit konnten erstmals biobasierte Tenside mittels grüner Chemie aus Altspeiseölen sowie Lignin als Abfallprodukt aus der holzverarbeitenden Industrie hergestellt werden. Diese grünen Tenside stehen in ihren Eigenschaften denen aus der Petrochemie in nichts nach, heißt es. Sie haben jedoch einen deutlich geringeren ökologischen Fußabdruck.[171]

Carbon Capture: CO_2 zu Rohstoff machen

Die direkte Luftabscheidung (Direct Air Capture – DAC) spielt laut Internationaler Energieagentur (IEA) eine wichtige und wachsende Rolle für jede Netto-Null-Politik.[172]

Im Szenario der IEA für Netto-Null-Emissionen bis 2050 erfassen DAC-Technologien mehr als 85 Millionen Tonnen CO_2 im Jahr 2030 und etwa 980 Millionen Tonnen CO_2 im Jahr 2050.

Bei Carbon Capture and Storage (CCS) wird das durch die Verwertung fossiler Ressourcen entstandene CO_2 abgeschieden und unterirdisch eingeschlossen. Dadurch kann Treibhausgasneutralität hergestellt werden.

Die Kohlenstoffabscheidung und -nutzung (CCU) zielt auf die Wiederverwendung des erfassten Kohlenstoffs ab (zum Beispiel in der Düngung). CCU kann den Einsatz fossiler Brennstoffe reduzieren und somit Emissionen reduzieren. Da der Großteil des erfassten Kohlenstoffs in der Regel nicht dauerhaft gespeichert wird, ist CCU mit einem echten Entfernen des CO_2 gleichzusetzen.

Carbon Dioxide Removal (CDR) bewirkt hingegen dauerhafte Entnahmen von Treibhausgasen aus der Atmosphäre und trägt damit zu sinkenden Treibhausgaskonzentrationen bei. Carbon-Dioxide-Removal-Ansätze reichen von naturbasierten Lösungen wie der Aufforstung bis hin zu technologiebasierten Ansätzen, die auf Kohlenstoffabscheidung und -speicherung beruhen.

Direct Air Capture mit geologischer CO_2-Speicherung hat laut Energieagentur mehrere Vorteile, darunter die Inanspruchnahme von relativ wenig Land- und Wasserfläche sowie eine hohe Verlässlichkeit sowohl hinsichtlich der Dauerhaftigkeit der Speicherung als auch der Quantifizierung des entfernten CO_2.

Forschende der Montanuniversität Leoben bilanzieren, dass die »Carbon Capture and Storage«-Technologiekette »ausgereift und weltweit im Einsatz« ist. »Der geologische Untergrund bietet Speicherkapazitäten in der Größenordnung des Emissionsproblems.« Das mache CCS zu einer »großtechnischen Methode zur CO_2-Emissionsreduktion«, heißt es in einer Analyse.[173] Durch Verbindung von CCS mit Bioenergie oder Direct Air Capture könnten prinzipiell negative CO_2-Emissionen erreicht werden.

Aus der Luft gewonnenes CO_2 kann jedenfalls als klimaneutraler Rohstoff für eine Reihe von Produkten verwendet werden, die eine Kohlenstoffquelle erfordern. Die Bandbreite reicht von Getränken bis hin zu Chemikalien und synthetischen Flugkraftstoffen.

In CO_2-Sammelkraftwerken[174] findet die Entfernung von Kohlendioxid durch geothermische Energie statt. Durch die Filterung der Luft, die über eine spezielle Flüssigkeit strömt, bindet das Kraftwerk CO_2 in ein Gemisch ein. Das Gemisch wird recycelt, indem CO_2 unter Verwendung von Wärme freigesetzt wird. Das entstandene Material wird durch einen Hochdruckprozess, bei dem Kohlendioxid, Wasser und Basalt zusammengemischt werden, in feste Karbonatmineralien verwandelt. Die erste DAC-Großanlage mit einer Kapazität von bis zu 1 Million Tonnen CO_2 pro Jahr soll bis Mitte des Jahrzehnts in den Vereinigten Staaten in Betrieb gehen.

Auch in Österreich gibt es innovative Projekte rund um Carbon Removal, etwa das steirische Start-up Carbony[175]: Mit der Technologie des »Enhanced Rock Weathering« (beschleunigte Verwitterung) wird Basaltmehl auf große Flächen aufgetragen, um dort mithilfe einer natürlichen biogeochemischen Reaktion atmosphärisches CO_2 zu absorbieren und langfristig im Boden zu speichern. Damit wird ein natürlicher Prozess beschleunigt.

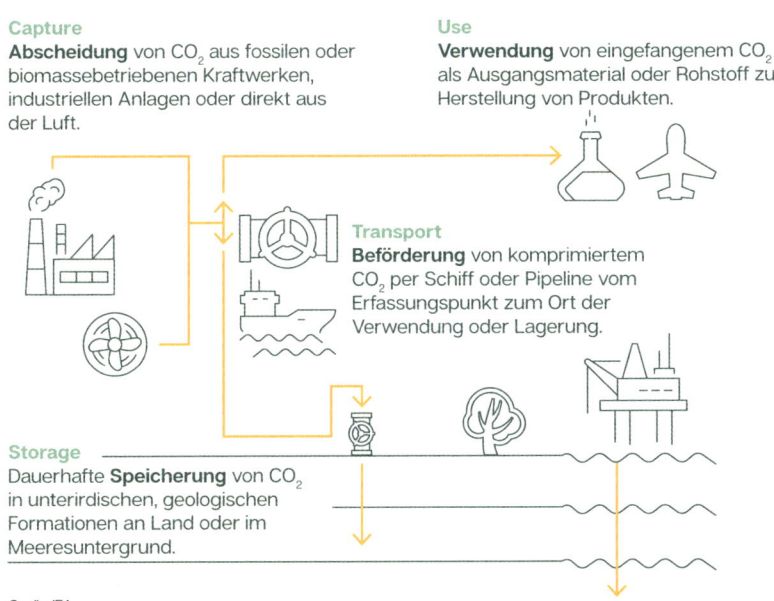

Capture
Abscheidung von CO_2 aus fossilen oder biomassebetriebenen Kraftwerken, industriellen Anlagen oder direkt aus der Luft.

Use
Verwendung von eingefangenem CO_2 als Ausgangsmaterial oder Rohstoff zur Herstellung von Produkten.

Transport
Beförderung von komprimiertem CO_2 per Schiff oder Pipeline vom Erfassungspunkt zum Ort der Verwendung oder Lagerung.

Storage
Dauerhafte **Speicherung** von CO_2 in unterirdischen, geologischen Formationen an Land oder im Meeresuntergrund.

Quelle: IEA

Der kurze und nur beispielhafte Überblick über Technologien, die das Klima schützen und gleichzeitig unserer Lebensqualität nützen, macht einmal mehr deutlich: Forschung, Technologien und Innovationen sind unsere mächtigsten und wirksamsten Instrumente im Kampf gegen den Klimawandel. Wir brauchen keine Offensive an Verboten und Restriktionen, sondern eine Offensive der Technologien, damit aus zum Teil bereits ausgereiften und zum Teil noch in Entwicklung befindlichen technologischen Ansätzen breitenwirksame Lösungen werden können.

Dass auch Österreich wertvolle Beiträge für kluge Klimatechnologien leisten kann, die mit erheblichen wirtschaftlichen

Potenzialen verbunden sind, unterstreicht die Richtigkeit dieses Zugangs. Es geht jetzt darum, die Augen für die damit verbundenen Chancen zu öffnen – und nicht blind in apokalyptische Szenarien zu starren.

Yuval Noah Harari hat beispielhaft beschrieben, warum es gute Gründe für einen Perspektivenwechsel zum Positiven gibt:

>> Es herrscht doch ganz offensichtlich kein Mangel an Energie. Wir wissen nur noch nicht, wie wir sie umwandeln und für unsere Zwecke nutzen können. Die in den fossilen Brennstoffvorkommen der Erde gespeicherte Energiemenge ist winzig im Vergleich zu der Energie, die die Sonne jeden Tag kostenlos ins All schleudert. Davon kommt zwar nur ein Bruchteil auf der Erde an, doch unser Planet erhält immer noch Jahr für Jahr Zuwendungen in Höhe von 3.766.800 Exajoule Sonnenenergie […]. Von dieser gewaltigen Energiemenge fangen sämtliche Pflanzen unseres Planeten mit ihrem Prozess der Photosynthese lediglich 3000 Exajoule ein. Wir Menschen verbrauchen zurzeit pro Jahr sogar nur 500 Exajoule – so viel, wie die Sonne in anderthalb Stunden auf die Erde schickt. Und das ist nur die Sonnenenergie. Dazu kommen weitere riesige Energiequellen, zum Beispiel die Kernenergie oder die Gravitation, die sich in den Gezeiten bemerkbar macht.[176] <<

Der Schlüssel für die klimafreundliche Energiegewinnung der Zukunft sind und bleiben Technologien, die uns diese Potenziale erschließen. Je mehr wir forschen, innovieren und umsetzen, desto besser für Klima, Wohlstand und Zukunft. Wir müssen »schlechte« Technologien, deren Anwendung die

Erderwärmung verursacht hat, durch »gute« Technologien zur Lösung der Krise ersetzen. Das bringt uns in jeder Hinsicht weiter.

Patente für klimafreundliche Technologien sind ein wesentlicher Indikator für die zukünftigen Wettbewerbsfähigkeiten von Ökonomien bei der Bekämpfung des Klimawandels. Allein zwischen 2017 und 2021 haben die europäischen Regionen mit dem höchsten wirtschaftlichen Entwicklungsniveau 80 % der Patente für grüne und digitale Technologien produziert. Wirtschaftlich starke Regionen verfügen über mehr Potenziale für die Entwicklung von Zukunftstechnologien – und damit auch über mehr Möglichkeiten für eine wirtschaftlich und ökologisch erfolgreiche Entwicklung.[177]

These 9

Der Klimaschutz ist ein wichtiges Ziel für Österreichs Zukunft

Während Klimaaktivisten sich nur auf das eine Ziel Klimaschutz konzentrieren, müssen wir für eine gute und sichere Zukunft Wertschöpfung, Arbeitsplätze und Nachhaltigkeit gemeinsam verwirklichen. Das erfordert ein Mindset in Politik und Gesellschaft, das auf Vernunft und Machbarkeit setzt.

Was macht den Erfolg unseres Wirtschafts- und Gesellschaftsmodells in Österreich – und in anderen europäischen Staaten – aus? Die Frage ist aus einer globalen Vogelperspektive klar zu beantworten: Wir verbinden in unserem Wirtschafts- und Gesellschaftsmodell unterschiedliche Anliegen und Ziele, nämlich Freiheit und wirtschaftliche Leistungskraft mit Solidarität und Nachhaltigkeit. Das ist im Kern das Modell der sozialen beziehungsweise ökosozialen Marktwirtschaft.

Andere Weltregionen haben eingeschränktere Ziele: In China spielt Freiheit bekanntlich eine sehr untergeordnete Rolle. In den USA ist es mit der sozialstaatlich verbürgten Solidarität nicht weit her. Es steht außer Zweifel, dass wir uns in einem Wettbewerb nicht nur der Wirtschaftssysteme, sondern auch der gesellschaftlichen Ordnungssysteme befinden. In diesem Wettbewerb müssen wir bestehen.

Umso wichtiger ist, dass wir die Qualitäten unseres Wirtschafts- und Sozialsystems stärken und weiterentwickeln, weil sie die Zukunftsversicherung für unser Lebensmodell und unsere liberale Demokratie sind.

Das erfordert auch, dass wir die großen Ziele unseres Modells gleichrangig verfolgen. Ohne wirtschaftliche Freiheit und Leistungskraft kann es bei uns keinen breiten Wohlstand, keine soziale Sicherheit und auch keine Investitionen in eine nachhaltige Entwicklung geben.

Daher wäre es der falsche Weg, unsere gesamte gesellschaftliche Entwicklung nur mehr auf ein Ziel auszurichten – auf den Klimaschutz. Wer im Namen des Klimas alle anderen Anliegen unseres Gesellschaftsmodells als weniger wichtig ansieht, schadet allen Zielen – unserem gesamten Lebensmodell und auch dem Klimaschutz, für den es dann keine ausreichenden Investitionen mehr gibt.

Eine besondere Herausforderung würde eine einseitige Verfolgung von Klimazielen für den Schutz unserer Freiheit darstellen. Dieser Grundwert konstituiert letztlich unser gesamtes gesellschaftliches System.

Freiheitsbeschränkungen im Namen des Klimaschutzes sind immer wieder Thema, gerade auch bei Gesetzesvorhaben. Der Staatsrechtler Christian Piska hat in Zusammenhang mit dem – inoffiziellen – Entwurf des österreichischen Klimaschutzgesetzes 2021 davor gewarnt, im Namen des Klimaschutzes entsprechende Maßnahmen mit Individualrechten zu verknüpfen. »Grundrecht auf Klimaschutz? Hands off!« lautet seine klare Empfehlung. Der Befund des Staatsrechtlers der Universität Wien ist eindeutig:

》》 Die unstrittige Wichtigkeit des Klimaschutzes ändert nichts daran, dass die Einführung eines Grundrechts auf Klimaschutz oder eines gleichwertigen Rechtsrahmens […] zu massiven verfassungsrechtlichen Problemen führt. Denn derartige freiheitsbeschränkende Mechanismen würden mit höchster Wahrscheinlichkeit zu einer unabsehbaren Veränderung der Grundrechtsdogmatik und zu einer Schwächung der Schutzfunktion der Grundrechte führen. Als besonders hervorstechendes Beispiel sei das Verbot der Rücknahme von einmal eingeführten Klimaschutzmaßnahmen genannt, gleichgültig ob z. B. wirtschaftliche oder soziale Gründe auch (zwingend) dafürsprechen mögen (›Ewigkeitsklausel‹). Die negativen, systemwidrigen Auswirkungen auf das liberale und rechtsstaatliche Grundprinzip kämen im Paket einer Gesamtänderung der Verfassung gleich, die mittels Volksabstimmung umzusetzen wäre.[178] **«**

Piska stellt klar, dass es auch möglich sei, adäquaten Klimaschutz durch gesetzliche und institutionelle Rahmenbedingungen zu gewährleisten, ohne die für eine liberale Demokratie essenziellen Freiheiten aufs Spiel zu setzen. Voraussetzung dafür wäre einerseits, existierende verfassungsrechtliche Schutzmechanismen auch gegenüber Maßnahmen aufrechtzuerhalten, die dem Klimaschutz dienen. Andererseits wären die leitenden klimapolitischen Entscheidungen der parlamentarischen Demokratie »und nicht undurchsichtig bestellten Beiräten und sonstigen Gremien in Regierungsnähe zu überlassen«[179] (anders als im Entwurf zum Klimaschutzgesetz 2021 vorgesehen).

Im Namen des Klimaschutzes an unserem gesellschaftlichen Modell und unseren Grundwerten herumzubasteln beziehungsweise sie einzuschränken, ist definitiv der falsche Weg. Wir müssen diese Grundrechte sichern und gewährleisten, wenn wir unser Gesellschaftsmodell nicht aufgeben wollen.

Politische Ziele, statt politische Wege vorgeben

Österreich und Europa stehen vor der großen Herausforderung, die materiellen Grundlagen unseres Lebensmodells zu sichern – nämlich eine starke, leistungskräftige und wettbewerbsfähige Wirtschaft.

Tatsächlich schwindet die Wettbewerbsfähigkeit Europas im internationalen Vergleich. Wirtschaftsregionen wie die USA, China oder Indien entwickeln sich dynamischer. Wenn es Europa nicht gelingt, sich im globalen Wettbewerb zu behaupten, drohen der wirtschaftlichen Großmacht Europa mit mehr als 450 Millionen Menschen und 23 Millionen Unternehmen massive Wohlstandsverluste.

Der bisher eher schleichende Prozess der Deindustrialisierung wird sich mit einer rigiden, einseitigen Klimagesetzgebung fortsetzen: Betriebe investieren nicht oder nicht mehr in Europa und Österreich, sondern in anderen Regionen der Welt. Das schadet unserer Wertschöpfung, unseren Arbeitsplätzen und der Umwelt. Wenn Betriebe in Regionen mit niedrigeren Umweltstandards abwandern, ist das kein Gewinn, sondern ein Problem für das Klima.

Nur eine starke, wettbewerbsfähige und innovative Wirtschaft ermöglicht Dekarbonisierung, Transformation und Kreislaufwirtschaft. Sie ist wichtige Grundlage für das Erreichen der ambitionierten EU-Klimaziele sowie für Arbeitsplätze und Wohlstand.

Damit die Wirtschaft mehr denn je ein Schlüsselplayer für unsere Klima- und Energiezukunft sein kann (siehe Beispiele These 8), braucht sie entsprechende Rahmenbedingungen und marktwirtschaftliche Anreize.

So kann GreenTech der Standard für mehr Energie- und Ressourceneffizienz in Produktion und Gesellschaft werden. Eine balancierte Versorgung mit Primärrohstoffen aus heimischen und internationalen Quellen zu wettbewerbsfähigen Preisen ist eine weitere wichtige Voraussetzung für eine funktionierende Kreislaufwirtschaft.

Für die Zukunft von Wirtschaft und Klima sind ein reibungslos funktionierender europäischer Energiebinnenmarkt, dezentrale Energielösungen oder diversifizierte Energieimporte klimaneutraler Energieträger auf Basis von Wasserstoff konkrete Zukunftsprojekte, die ambitioniert umgesetzt werden müssen.

Weil für die Wirtschaft Freiheit und Planungssicherheit erfolgsentscheidend sind, brauchen wir Klarheit und Konsistenz hinsichtlich der Rolle der Politik: Die Politik soll die großen gesellschaftlichen Ziele vorgeben – Klimaneutralität ist eines davon. Die (technologischen) Wege zur Zielerreichung müssen aber der Wirtschaft überlassen bleiben. Nur Technologieoffenheit sichert, dass sich am Ende des Tages die effizienteste Lösung am Markt durchsetzen kann. Wir brauchen keine grüne Planwirtschaft, sondern eine ökosoziale Marktwirtschaft.

So argumentiert WIFO-Chef Gabriel Felbermayr am Beispiel Wasserstoff: »Politiker sollten nicht entscheiden müssen, wie Wasserstoff hergestellt wird. Aber sie sollten sagen: Emissionen müssen etwas kosten. Und die Industrie sagt dann, die nächsten zehn Jahre stelle ich den Wasserstoff schon mal mit Gas her, auch mit fossilem, weil das betriebswirtschaftlich Sinn macht, danach mit grünem. Solange wir sehen, dass die Emissionsgrenzen eingehalten werden, kann uns egal sein, wie die Unternehmen das genau machen. Interventionistisches Mikromanagement, das politische Besserwissen, führt zu Unsicherheiten.«[180]

Noch gefährlicher als Interventionismus sind kurzsichtige Verbotspolitik und Dirigismus: »Verbote sind die schärfsten Maßnahmen des Staates, da diese keinen Verhandlungsspielraum, keine Kompromisse und Ausnahmen und auch keine Kosten-Nutzen-Abwägung kennen«[181], warnt Rupert Pritzl – und auch davor, die Augen »vor den desaströsen Auswirkungen einer nationalen klimapolitischen Vorreiterstrategie« zu verschließen.

Die Klimapolitik muss unternehmerischer »ticken« als bisher. Dazu gehört auch, innovationsrelevante Handlungsfelder besser auszugestalten, wie etwa den Aufbau einer innovativen Wasserstoffwirtschaft, weil synthetisches Methan und grüner Wasserstoff Schlüssel zur Energiewende sind. Ein anderes Handlungsfeld ist die Bildungspolitik: Unternehmen brauchen für innovative Umwelttechnologie-Lösungen entsprechend ausgebildete Fachkräfte. Fehlen sie, lassen sich weder Innovationen generieren noch klimafreundliche Lösungen am Markt implementieren.

Politik muss die soziale Frage beantworten

Eine weitere gesellschaftspolitische Herausforderung liegt darin, Klimaschutz als große soziale Frage zu verstehen. Dass Klimaschutzmaßnahmen vieles teurer machen, zeigt sich am Bereich der Mobilität (siehe auch These 4): Würden Verbrennungsmotoren ab 2030 verboten, dann würde das gesamtwirtschaftlich 16 Milliarden Euro kosten. Den Großteil dieser Kosten, nämlich 13 Milliarden Euro, hätten nach dem Expertenbericht *Mobilität & Klimaschutz 2030* des ÖAMTC unmittelbar die Konsumenten zu tragen.[182]

Gerade in ländlichen und peripheren Regionen ist und bleibt das Auto unverzichtbar, um beruflichen Aufgaben und familiären sowie anderen sozialen Verpflichtungen nachzukommen. Je kleiner der Wohnort, desto stärker ist man für die täglichen Wege vom Pkw abhängig – und umso eingeschränkter ist das Angebot an öffentlichen Verkehrsmitteln. In Orten unter 5000 Einwohnern ist für fast 60 % ein Leben ohne Auto nicht möglich. Personen, die in einem Haushalt mit Kindern leben, haben zu 89 % zumindest einen Pkw im Haushalt. Bei den alleinlebenden Männern sind es hingegen nur 63 %, bei den alleinlebenden Frauen sogar nur 55 %. Wer Kinder hat, kommt ohne Auto kaum weiter – und würde beim Verbot des Verbrennungsmotors dafür mit höheren Kosten noch zusätzlich belastet.

Der ÖAMTC-Expertenbericht zeigt zudem: Personen mit einem geringeren Einkommen erwerben zu rund 52 % ihren Pkw als Gebrauchtwagen. Fast ein Drittel der Autofahrer aus niedrigeren sozialen Schichten plant, ihr Auto »fertig zu fahren«. Fahrzeugbesitzer mit geringem Einkommen oder aus einfachen sozialen Schichten fahren tendenziell ältere Pkw in niedrigen Euro-Abgasklassen. Und 14 % der Geringverdiener können sich überhaupt keinen Austausch ihres Fahrzeuges leisten. Umso mehr gilt: Automobilität muss leistbar bleiben.

Auf der anderen Seite ist klar, dass die Effekte einer CO_2-Bepreisung von der Höhe der Kosten abhängig sind. Dass mit CO_2-Preisen auch Ausgleichszahlungen in gleichem Volumen steigen, ist unrealistisch.

Antworten auf die sozialen Fragen des Klimaschutzes sind auch zentral, wenn die breite Gesellschaft für Klimaschutz-maßnahmen mobilisiert werden soll. Überdies gilt: Eine Klima-politik, die massive Kosten für die Steuerzahler verursacht, ohne relevante Einsparungen bei den CO_2-Emissionen zu generieren, ist nicht nur ineffizient, sondern auch unsozial.

Umso wichtiger ist es, positive Anreize für das Wahrneh-men der eigenen Verantwortung für Klimaschutz zu setzen. Das entspricht auch unserem Lebens- und Wertemodell. Die Verantwortung ist das Äquivalent zum Wert der Freiheit. Es zahlt sich in vielen Bereichen aus, Verantwortung für Umwelt und Klima wahrzunehmen – vor allem bei Konsum-Entschei-dungen. Die Konsumenten sind eine der stärksten »Mächte« im Wirtschaftsgeschehen. Ihre positive Mobilisierung kann viel bewegen (siehe These 6).

Beim Klimaschutz global denken und handeln

Klimaschutz ist *ein* Ziel für die Zukunft – und sollte als solches auch global geteilt werden. Es ist eine Tatsache, dass über die Zukunft unseres Klimas weder in Österreich noch in Europa entschieden wird, sondern in Asien. Österreich kann mit seinem Beitrag von 0,17 % zum globalen CO_2-Ausstoß (2021) das globale Klima durch Einsparungen definitiv nicht retten.

Der deutsche Wirtschaftswissenschaftler Hans-Werner Sinn verweist auch darauf, dass bei der Klimapolitik nur eine »kleine Teilmenge« der Länder der Welt wie die EU agiert: »Das Pariser Abkommen, das sich auf die Gesamtemissionen an CO_2 für alle Brennstoffe bezieht, ist kein völkerrechtlich bindender Vertrag, sondern eine Absichtserklärung, die ihre rechtliche Bindungswirkung nur im Innenverhältnis der EU-Länder entfaltet. Es enthält gerade mal für ein Drittel der Unterzeichnerländer und ein Drittel des CO_2-Ausstoßes der Welt messbare Mengenbeschränkungen.«[183]

Nur global gedachter und gemachter Klimaschutz ist wirksam. Der deutsche Ökonom Joachim Weimann beschreibt die Herausforderung klar: »Es liegt nicht im Interesse eines einzelnen Landes, allein Klimaschutz zu betreiben, denn das Land müsste erhebliche Kosten tragen, ohne dass irgendjemand einen Vorteil hätte. Aber es liegt im Interesse aller Länder, dass alle Klimaschutz betreiben. Geschieht das, profitiert jedes Land von den Anstrengungen aller anderen und leistet im Gegenzug selbst Vermeidung von CO_2, von der dann alle anderen profitieren. Die Lösung des Klimaproblems setzt also in diesem Sinne *kooperatives Verhalten* einer hinreichend großen Zahl von Ländern voraus.«[184]

Weimann plädiert einerseits für Instrumente, die dafür sorgen, dass die kooperierenden Länder eine kosteneffiziente Vermeidung betreiben können. Denn nur dann, wenn die Kosten pro eingesparter Tonne CO_2 minimiert werden, können die Lasten des Klimaschutzes getragen werden. Sein Mittel der Wahl ist ein CO_2-Preis, der durch eine globale Steuer oder einen globalen Emissionshandel entsteht. Zweitens spricht sich der Wissenschaftler nachdrücklich für technischen Fortschritt aus, denn die bestehende Technik zur CO_2-freien Stromerzeugung reiche nicht aus beziehungsweise habe gravierende Nachteile. Weimann: »Wir brauchen deshalb jede Form von Innovation, die hilft, CO_2-frei Energie zu erzeugen, ohne dabei unerwünschte Nebenwirkungen zu entfalten.«[185]

Auch hier wird deutlich: Technologien in Verbindung mit wirtschaftlichen Grundprinzipien sind der Weg, der wirkt. Alleingänge und moralische Belehrungen bewirken nicht nur nichts, sie schaden nur. Wir dürfen unsere Zukunft weder wirtschaftlich noch sozial noch ökologisch an die Wand fahren. Das würde Österreich und Europa als Player schwächen – und dem globalen Klima definitiv nicht nützen.

Der deutsche Grünenpolitiker Danyal Bayaz und Ralf Fücks resümieren in diesem Zusammenhang: »Zugespitzt formuliert, ist es für das Erdklima irrelevant, ob das letzte Kohlekraftwerk in Deutschland im Jahr 2035 oder 2031 abgeschaltet wird. Viel wichtiger ist, dass die Energiewende auch zu einem ökonomischen Erfolgsmodell wird. Nur dann ist sie anschlussfähig für die große Mehrheit der Weltbevölkerung, für die materieller Wohlstand und sozialer Fortschritt nach wie vor Vorrang haben. Für ein fortschrittsmüdes, zukunftsängstliches und selbstgenügsames Schrumpfgermanien interessiert sich im Rest der Welt kein Mensch.«[186] Das gilt wohl auch für ganz Europa.

Eine Agenda im Namen des Klimas

Was also tun? Wie sollen wir weiter vorgehen?

Während Klimaaktivisten primär auf die Bewältigung der Klimakrise abzielen, müssen wir uns jedoch darauf konzentrieren, nicht nur Nachhaltigkeit zu verwirklichen, sondern auch unseren Wohlstand und Arbeitsplätze zu erhalten, um in Zukunft gut und sicher leben zu können. Dies erfordert eine

Denkweise in Gesellschaft und Politik, die auf praktischen Lösungen und Vernunft basiert, statt auf ideologischen Experimenten. Hier, am Ende dieses Thesenbuchs, finden Sie daher eine kurze, zusammenfassende Agenda für eine gelungene Energiewende, die Wohlstand, Arbeit und Klima gleichermaßen fördert:

Vernünftig diskutieren: Die klimapolitische Debatte braucht weniger Angstmache und Ideologie, sondern mehr Rationalität und Augenmaß. Der Aktivismus von »Letzte Generation« und Co spaltet die Gesellschaft und schadet dem Klimaschutzgedanken.

Mitte mobilisieren: Die breite Mitte der Gesellschaft ist auch in Klimafragen die wichtigste Adresse für Veränderung – sie muss überzeugt und mobilisiert werden, ihre Verantwortung wahrzunehmen. Das funktioniert nur mit klugen Anreizen und berechenbaren Rahmenbedingungen.

Infrastruktur ausbauen: Volatile Stromerzeugungsmethoden mit erneuerbaren Energien brauchen mehr und bessere Stromleitungen und Stromspeicher (auch Pumpspeicher) – und weniger Hürden und Bürokratie beim Infrastrukturausbau.

Verfahren beschleunigen: Die benötigte Infrastruktur muss rasch errichtet beziehungsweise ausgebaut werden können. Nur dadurch können Transformation und Zeitvorgaben in Einklang gebracht werden. Es braucht einen klaren Vorrang für Energiewendeprojekte.

Naturschutz anpassen: Mehr Ökostrom gibt es nur mit mehr Windparks, mehr Photovoltaikfreiflächen und weiterem Wasserkraftausbau. Die naturschutzrechtlichen Regeln müssen dafür angepasst und gelockert werden. In diesem Sinne sind auch Denkmal- und Ortsbildschutz zukunftsorientiert zu denken.

Wasserstoff forcieren: Die Wasserstofferzeugung, -verteilung und -verwendung muss forciert werden. Wasserstoff wird die zentrale Technologie, um Kohlenwasserstoffe zu ersetzen.

Standortpolitik stärken: Wertschöpfungsketten sind, wo taktisch sinnvoll, nach Europa zurückzuholen, wie etwa die Produktion von Chips und Batterien. Die Balance aus strategischer Autonomie, resilienten Lieferketten und klugen Handelsabkommen wird zukunftsentscheidend.

CO_2 als Ressource nutzen: Die Abscheidung, Lagerung, Speicherung und Verwendung von CO_2 sind – auch unter dem Ressourcenaspekt – unverzichtbare Instrumente für das Erreichen der Klimaziele.

Rohstoffe abbauen: Die sichere Versorgung mit kritischen Rohstoffen muss gewährleistet sein. Obwohl es in Europa viele Rohstoffvorkommen gibt, werden diese nicht abgebaut – aus Sorge vor Umweltschäden und der geringen Wirtschaftlichkeit gegenüber drittstaatlichen Angeboten.

Mobilität vielfältiger gestalten: Egal ob Bahnausbau, trimodale Knoten, Stadtseilbahnen, Mikro-Öffentlicher Nahverkehr – mehr effiziente Angebote öffentlicher Mobilität vermindern den Bedarf an individueller Mobilität.

Umweltberufe bewerben: Für die Energiewende sind zigtausende Fachkräfte erforderlich. Die Fachkräftefrage ist auch eine klimapolitische Schlüsselfrage. Green Jobs müssen attraktiv kommuniziert und beworben werden.

Umwelttechnologien »made in Austria/Europe« fördern: Die offensive Förderung von Technologien und Innovationen sowie die Kommunikation österreichischer und europäischer Produkte und Services auf internationalen Märkten stärken die gesamte Branche – und sind ein weltweiter Hebel für Klimaschutz.

Bessere Rahmenbedingungen für Start-ups und Spin-offs schaffen: Österreich braucht mehr Anreize für Risikokapital. Im Jahr 2021 betrugen Risikokapitalinvestitionen in Österreich nur 0,3 % des BIP – das ist deutlich niedriger als in Vergleichsländern.[187]

Lastenteilung fair gestalten: Für das Erreichen der europäischen Klimaziele muss auch die Politik europäisch effizient koordiniert sein. Es ist stets zu berücksichtigen, wo der eingesetzte Euro mehr CO_2 einsparen kann. Das ist ein Gesichtspunkt, der in eine Neuverhandlung der Effort-Sharing-Verordnung einfließen sollte.

Global denken: Das Klima kennt keine nationalen oder europäischen Grenzen. Ein weltweiter Emissionshandel muss erklärtes politisches Ziel sein. Er würde auf marktwirtschaftliche Weise die Reduktion von CO_2 zu geringstmöglichen Kosten garantieren und gleichzeitig Fairness im Wettbewerb ermöglichen.

Privat und Staat aktivieren: Die kluge Verzahnung von privaten und öffentlichen Investitionen muss forciert werden. Die Klima- und Energiewende darf auch ein Geschäft sein.

Verantwortung fördern: Statt Verbote einzuführen ist es notwendig, wirksame Anreize für individuelle Klimaschutzver-

156

antwortung zu setzen. Beispiele dafür sind der Photovoltaik-boom im privaten Bereich, Elektroautos als Firmenwagen oder das Klimaticket.

Es gibt viel zu tun. Wir können und müssen vieles besser machen. Und das geht auch – ohne Angst vor der Zukunft, ohne Einschränkung der Freiheitsrechte, ohne Aushöhlung der Demokratie, ohne Schrumpfung von Wohlstand und sozialer Sicherheit, ohne der Auflösung unseres Lebensmodells. Sondern im Namen einer Zukunft, die Wertschöpfung, Arbeit und Klimaschutz für uns alle zusammenbringt.

Quellen

»Die wahre Großzügigkeit der Zukunft gegenüber besteht darin, in der Gegenwart alles zu geben.«

Albert Camus

1 https://cdn.avenir-suisse.ch/production/uploads/2021/05/Wirkungsvolle_Klimapolitik.pdf

2 https://www.zamg.ac.at/cms/de/klima/informationsportal-klimawandel/klimavergangenheit/neoklima/lufttemperatur

3 Ebd.

4 https://dpa-factchecking.com/germany/221124-99-651221/

5 https://www.awhamburg.de/essays/klimawandel-fakt-oder-fiktion.html

6 Philipp Krohn: *Ökoliberal. Warum Nachhaltigkeit die Freiheit braucht.* Frankfurter Allgemeine Buch, Frankfurt 2023

7 https://www.derstandard.at/story/3000000181023/untergangs-szenarien-sie-laehmen-nur-findet-der-neue-chef-des-weltklimarates

8 https://www.nzz.ch/meinung/der-andere-blick/klimaaktivist-will-gesetze-brechen-und-spricht-von-gruener-raf-ld.1656715?-reduced=true

9 https://www.ulrike-ackermann.de/2019/09/10/warum-wir-anders-ueber-den-klimaschutz-reden-sollten/

10 https://klimakommunikation.klimafakten.de

11 Per Espen Stoknes: *What We Think About When We Try Not To Think About Global Warming. Toward a New Psychology of Climate Action.* Chelsea Green Publishing, White River Junction, 2015

12 https://www.nzz.ch/schweiz/solarpanels-statt-kuehe-das-sind-die-aussichtsreichsten-solarprojekte-in-den-bergen-ld.1713427

13 Yuval Noah Harari: *Eine kurze Geschichte der Menschheit, Pantheon, München 2015, S. 96 ff*

14 Ralf Fücks: *Intelligent wachsen. Die grüne Revolution.* Carl Hanser, München 2013

15 https://www.nzz.ch/feuilleton/apokalypse-warum-ist-das-nieder-gangsdenken-ueberall-en-vogue-ld.1712107

16 https://libmod.de/fuecks-klimaschutz-demokratie-marktwirtschaft/

17 https://www.nzz.ch/feuilleton/ist-der-klimatismus-eine-neue-religion-die-strukturellen-aehnlichkeiten-sind-verblueffend-trotz-dem-ruf-nach-wissenschaftlichkeit-ld.1666779

18 https://www.zeit.de/2007/43/U-Klimatismus/seite-2

19   https://web.archive.org/web/20190915185129/https://www.deutsch-landfunk.de/politologin-die-klimarettung-kommt-fast-einer-religion.1939.de.html?drn:news_id=1046857

20   https://www.derpragmaticus.com/r/weltuntergang/

21   https://www.nzz.ch/feuilleton/apokalypse-warum-ist-das-nieder-gangsdenken-ueberall-en-vogue-ld.1712107

22   https://www.faz.net/aktuell/wissen/theologen-verbinden-klima-krise-und-biblische-apokalypse-17508534.html

23   Ebd.

24   https://www.diepresse.com/13579425/frostiger-himmel-die-kirche-und-das-klima

25   https://m.focus.de/magazin/archiv/politik-anmassend-und-poten-ziell-autoritaer_id_192333624.html

26   https://www.welt.de/politik/deutschland/video246694062/Letzte-Generation-Klimakleber-tragen-zur-Delegitimierung-unserer-Demo-kratie-bei.html

27   https://taz.de/Luisa-Neubauer-ueber-die-Klimabewegung!5972554/

28   https://www.nzz.ch/meinung/der-andere-blick/letzte-generation-auf-dem-weg-zur-raeterepublik-ld.1724741

29   https://www.sueddeutsche.de/politik/letzte-generation-hannover-protest-buergermeister-belit-onay-deal-1.5757814

30   https://www.bmk.gv.at/themen/klima_umwelt/klimaschutz/nat_klimapolitik/klimarat.html

31   https://www.derstandard.at/story/2000133216359/gruene-in-der-postdemokratie

32   https://www.welt.de/politik/deutschland/plus246699612/Letzte-Ge-neration-Das-ist-auch-auf-das-elitaere-Gehabe-zurueckzufuehren.html

33   https://www.diepresse.com/13447002/ein-energielimit-fuer-reiche

34   https://www.welt.de/debatte/kommentare/plus243308567/Kristina-Schroeder-zu-einem-CO-Budget-So-sieht-totalitaerer-Klimaschutz-aus.html?icid=search.product.onsitesearch

35   https://www.focus.de/magazin/archiv/debatte-wir-sollten-klima-schutz-nicht-moralisieren_id_199645705.html

36   https://www.faz.net/aktuell/politik/inland/ralf-fuecks-warnt-klimaaktivsten-vor-abdriften-in-gewalt-18634314.html

37   https://at.scientists4future.org/2022/01/25/personliches-CO_2-guthaben/

38   https://www.youtube.com/watch?v=9Kp-MLzaPB4

39   https://twitter.com/letztegenAT/status/1680847947305730048

40   https://libmod.de/aufbruch-statt-abbruch-mit-gruenem-wachstum-aus-der-klimakrise/

41 https://greenpeace.at/presse/greenpeace-co2-speiche-rung-wird-als-ablenkungsmanoever-benutzt/
42 https://www.zeit.de/2007/43/U-Klimatismus/seite-2
43 https://www.oeaw.ac.at/news/oeaw-wissenschaftsbarometer-rund-ein-drittel-vertraut-wissenschaft-kaum-1
44 https://www.diepresse.com/17872754/um-das-klima-tobt-ein-heftiger-kulturkampf
45 https://www.klimafonds.gv.at/press/brennpunkt-gebaeudesektor-nachhaltig-bauen-und-leistbar-wohnen-ist-kein-widerspruch
46 https://oesterreichsenergie.at/aktuelles/presseinformationen/detailseite/doppelter-stromverbrauch-bis-2040
47 https://www.nzz.ch/international/klimaaktivistin-aus-schweden-kaempft-fuer-atomkraft-und-gegen-greenpeace-ld.1753882
48 https://www.ots.at/presseaussendung/OTS_20231129_OTS0006/atom-vs-klima-braucht-es-atomkraft-fuer-die-eindaemmung-der-klimakrise-video
49 https://www.bmk.gv.at/themen/energie/energieversorgung/wasserstoff/strategie.html
50 https://www.aggm.at/fileadmin/AGGM/Bilder-Dokumente/Energiewende/ONE100/ONE100-kurzfassung.pdf
51 https://www.diepresse.com/13464064/energieexperte-gas-wird-noch-lang-eine-wichtige-rolle-spielen
52 https://www.bundeskanzleramt.gv.at/dam/jcr:903d5cf5-c3ac-47b6-871c-c83eae34b273/20_18_beilagen_nb.pdf
53 https://www.oeamtc.at/club/oeamtc-expertenbericht-mobilitaet-klimaschutz-2030-25873728
54 https://www.apg.at/news-presse/mehr-als-100-stromdeckung-durch-erneuerbare-belegt-dringenden-netzausbaubedarf/
55 https://www.oeamtc.at/club/oeamtc-expertenbericht-mobilitaet-klimaschutz-2030-25873728
56 https://www.klimareporter.de/finanzen-wirtschaft/die-energie-wende-wird-metallintensiv
57 https://ec.europa.eu/commission/presscorner/detail/de/IP_23_1661
58 https://www.nzz.ch/meinung/solarstrom-er-ist-dreckiger-als-viele-denken-ld.1723091
59 https://orf.at/stories/3319209/
60 https://www.energie-klimaschutz.de/windausbau-der-wandel-von-nimby-zu-akzeptanz-ist-notwendig/
61 https://josef.manner.com/de/presse/manner-dreht-die-schnitten-heizung-auf

62 https://www.ots.at/presseaussendung/OTS_20230308_OTS0057/
    atomstromanteil-wieder-um-20-prozent-gestiegen
63 https://www.statistik.at/statistiken/tourismus-und-verkehr/
    fahrzeuge/kfz-neuzulassungen
64 https://www.efuel-alliance.eu/de/efuels/anwendungen
65 Ernst Ulrich von Weizsäcker: *So reicht das nicht! Außenpolitik, neue
    Ökonomie, neue Aufklärung. Was die Klimakrise jetzt wirklich braucht.*
    Bonifatius, Paderborn 2022
66 https://www.welt.de/debatte/kommentare/plus244188219/E-
    Fuels-sind-fuer-die-Menschheit-eine-moralische-Pflicht.html
67 https://www.deutsches-klima-konsortium.de/de/klimafaq-12-3.
    html
68 https://www.umweltbundesamt.de/themen/klima-energie/klima-
    schutz-energiepolitik-in-deutschland/treibhausgas-emissionen/
    die-treibhausgase
69 https://ecoaustria.ac.at/wp-content/uploads/2023/09/1_2023_
    April_EcoAustria-PolicyNote_tech_klima_industrie_PN53.pdf
70 https://unric.org/de/17ziele/
71 https://martin-kocher.com/2023/09/19/treibhausgase-technologie-
    offenheit-und-trittbrettfahrer/
72 https://www.ots.at/presseaussendung/OTS_20230926_OTS0046/
    mit-sauberer-energie-in-die-zukunft
73 https://www.umweltbundesamt.de/themen/klima-energie/
    klimaschutz-energiepolitik-in-deutschland/treibhausgas-emissionen/
    die-treibhausgase
74 https://www.oeaw.ac.at/detail/news/gruene-gentechnik-offe-
    ner-brief-fuer-eine-wissenschaftsbasierte-beurteilung
75 https://www.scmp.com/news/china/science/article/3233846/chine-
    se-scientists-have-developed-new-gene-editing-tool-doesnt-use-crispr
76 https://www.ots.at/presseaussendung/OTS_20230705_OTS0137/
    gewesslerrauchtotschnig-eu-vorschlag-zu-neuer-gentech-
    nik-inakzeptabel
77 https://www.welt.de/debatte/kommentare/plus245248244/Die-
    Methode-Greenpeace-und-warum-sie-unzaehlige-Kinder-das-
    Leben-kosten-kann.html
78 https://www.diepresse.com/6247022/fuer-klimaforscher-war-
    die-pandemie-ein-deja-vu
79 https://www.spektrum.de/news/sollten-wissenschaftler-fuers-
    klima-protestieren/1674400
80 https://www.stern.de/panorama/universitaet-barcelo-
    na-fuehrt-pflichtkurs-zur-klimakrise-ein-32917004.html

81 https://www.dgpuk.de/sites/default/files/2023-05-10c%20
15-21%20Uhr%20Aviso%2076%2001-2023%20Bildschirm.pdf
82 https://www.sn.at/panorama/wissen/uno-regierungen-bei-
mangelndem-klimaschutz-zur-verantwortung-ziehen-144366445
83 https://www.tagesschau.de/inland/klimaschutzgesetz-bundes-
verfassungsgericht-101.html
84 https://www.bundesverfassungsgericht.de/SharedDocs/Presse-
mitteilungen/DE/2021/bvg21-031.html
85 https://www.gesetze-im-internet.de/gg/art_20a.html
86 https://www.bundesverfassungsgericht.de/SharedDocs/Presse-
mitteilungen/DE/2021/bvg21-031.html
87 https://www.ots.at/presseaussendung/OTS_20230221_OTS0008/
neue-klimaklage-zwoelf-kinder-und-jugendliche-klagen-beim-
verfassungsgerichtshof-gegen-das-unzureichende-klimaschutzgesetz
88 https://www.derstandard.at/story/3000000177929/kinder-klima-
klage-vom-vfgh-aus-formalen-gruenden-zurueckgewiesen
89 https://www.diepresse.com/13451964/haben-kinder-ein-recht-
auf-zukunft
90 https://www.diepresse.com/13425793/klimaschutz-als-
menschenrecht-zadic-setzt-hoffnungen-in-vfgh
91 https://www.focus.de/panorama/welt/strittiger-wdr-beitrag-
klimawandel-soll-schuld-an-gewalt-in-freibaedern-sein_
id_190272879.html
92 https://www.nzz.ch/meinung/klimawandel-ein-paar-unbequeme-
wahrheiten-ld.1748867
93 https://www.klimajournalismus.at/ueber-uns/
94 https://www.klimajournalismus.at/allgemein/klima-kodex/
95 https://www.derstandard.at/story/2000142423870/reuters-institute-
sieht-nachrichtenvermeidung-als-hauptsorge-fuer-2023
96 https://jugendkultur.at/2023/09/26/studie-generation-nice/
97 Ebd.
98 https://www.meedia.de/medien/news-to-be-good-app-so-will-
burda-forward-nachrichtenvermeider-zurueckgewinnen-d11ae71a
e8d41c770bfd814c2efef340
99 https://www.diepresse.com/6216356/das-war-bei-den-ersten-
mitgliedern-der-raf-genauso?from=rss
100 Ebd.
101 https://www.welt.de/politik/deutschland/plus246699612/
Letzte-Generation-Das-ist-auch-auf-das-elitaere-Gehabe-zurueck-
zufuehren.html
102 https://orf.at/stories/3334940/

103 https://wirtschaftlichefreiheit.de/wordpress/?p=32461
104 https://oecolution.at/aktuelles/mehrheit-oesterreicherinnen-pfeifen-auf-aktionen-von-klimaaktivistinnen
105 https://www.profil.at/umfrage/klimakleber-mehrheit-laut-umfrage-fuer-haftstrafen/402561443
106 https://www.diepresse.com/6216356/das-war-bei-den-ersten-mitgliedern-der-raf-genauso?from=rss
107 https://kurier.at/politik/inland/umfrage-zustimmung-zu-tempo-100-auf-der-autobahn-steigt/402498798
108 https://orf.at/stories/3325440/
109 https://www.bpb.de/shop/zeitschriften/apuz/green-new-deals-2022/345733/klimaschutz-durch-innovation-und-marktwirtschaft/
110 Ebd.
111 https://www.diepresse.com/5461846/was-versteht-man-unter-gold-plating
112 https://zerotracker.net
113 https://www.bpb.de/shop/zeitschriften/apuz/green-new-deals-2022/345733/klimaschutz-durch-innovation-und-marktwirtschaft/
114 https://www.nzz.ch/meinung/schluss-mit-den-moralischen-gesten-die-willkuerlichen-regeln-der-klimaschuetzer-bringen-nichts-und-spalten-die-gesellschaft-ld.1750252
115 https://fridaysforfuture.at/blog/klimarettung-ohne-antirassismus-geht-nicht-982313
116 https://www.derstandard.at/story/3000000195553/thunberg-ist-nicht-fridays-gr246223te-sorge?ref=rss
117 https://taz.de/Kapitalismus-und-Klimaschutz/!5879301/
118 Ebd.
119 Ebd.
120 Ebd.
121 Ebd.
122 https://www.profil.at/wissenschaft/meteorologe-erklaert-muessen-wir-uns-vor-el-nino-fuerchten/402547133
123 https://www.sueddeutsche.de/wirtschaft/pipers-welt-kolumne-kapitalismus-klimaschutz-1.5467593
124 https://oecolution.at/aktuelles/diktatur-vs-demokratie-wem-gelingt-die-entkopplung-von-CO2-und-wachstum-am-besten
125 https://www.nature.com/articles/s41598-023-42782-y
126 Ebd.
127 ECO Austria, Prof. Dr. Köppl-Turyna, Jonathan Steininger, Studie *Wie viel Wachstum braucht es für die grüne Wende?*, Jänner 2024

128 https://blog.oecd-berlin.de/oecd-wirtschaftsausblick-truber-herbst-und-was-dann

129 https://www.welt.de/wirtschaft/article243660601/Das-scheinheilige-Lieferkettengesetz-schadet-dem-Standort-D.html

130 https://www.nzz.ch/meinung/selbstmord-aus-furcht-vor-dem-tod-die-psychologie-der-klimaangst-ld.1715475

131 https://www.klimafakten.de/meldung/es-gibt-allen-guten-grund-klimapolitisch-sehr-viel-aktiver-zu-werden-als-wir-es-bisher-waren

132 https://www.fr.de/politik/ernst-ulrich-von-weizsaecker-es-braucht-eine-neue-klima-aussenpolitik-91584576.html

133 https://bauernzeitung.at/felbermayr-wie-man-das-klima-retten-und-den-wohlstand-bewahren-kann

134 Bernd Spatzenegger: *Die Energielüge. Warum das Klimaziel eine Illusion ist und wie wir die Wende trotzdem meistern.* ecoWing, Salzburg-Wien 2023, S. 128

135 https://www.nzz.ch/wirtschaft/club-of-rome-die-grenzen-des-wachstums-ld.1671750

136 Ralf Fücks: *Intelligent wachsen. Die grüne Revolution.* Carl Hanser, München 2013

137 Ebd.

138 https://mitpressbookstore.mit.edu/book/9781982103576

139 https://www.sueddeutsche.de/wirtschaft/klimawandel-aus-weniger-mehr-machen-1.4770464

140 https://www.handelsblatt.com/arts_und_style/literatur/oekonom-im-interview-andrew-mcafee-ich-moechte-nicht-dass-leute-sich-am-klimawandel-schuldig-fuehlen/25493368.html

141 Ralf Fücks: *Intelligent wachsen. Die grüne Revolution.* Carl Hanser, München 2013, S. 15f

142 https://www.pwc.at/de/publikationen/klimawandel-nachhaltigkeit/pwc-state-of-climate-tech-report.pdf

143 https://www.advantageaustria.org/bf/zentral/fresh-view-magazin/Fresh_View_Magazin.de.html#!/de/nVcWgKIg/green-technology

144 https://neuezeit.at/photovoltaik-stromspeicher-salz/

145 https://futurezone.at/science/nachhaltig-akku-vanillin-kuenstliche-intelligenz-ml-vanillaflow-tu-graz-stefan-spirk/402567215

146 https://www.derstandard.at/story/2000140023965/grazer-unternehmen-will-energiewende-mit-mini-akws-beschleunigen

147 https://www.faz.net/aktuell/wirtschaft/unternehmen/marvel-fusion-warum-das-start-up-aus-muenchen-in-die-usa-zieht-19084658.html

148 https://www.spektrum.de/news/windenergie-wie-funktionieren-schwimmende-windkraftanlagen/2019739

149 https://radar.envisioning.io/wko/innovation/?pg=entity_ry72mExsQuPeimZb8

150 https://futurezone.at/science/japan-2025-sonnenenergie-all-auf-die-erde-beamen-laser-jaxa-mikrowellen/402466496

151 https://www.tagesschau.de/wissen/technologie/sonnenenergie-aus-dem-all-100.html

152 https://www.spektrum.de/news/solarkraftwerke-im-all-sonnenstrom-von-der-raumstation/1968856

153 https://radar.envisioning.io/wko/innovation/?pg=entity_NrJAGqnonpFLaPMZ6

154 https://oecolution.at/erfolgsgeschichte/meeresfruchte-aus-sonnenlicht

155 https://www.aws.at/service/cases/gefoerderte-projekte-auswahl/hochtechnologie/livin-farms/

156 https://www.advantageaustria.org/de/company/de/kerntec-gmbh#companyprofile

157 https://www.wienerzeitung.at/a/das-fleisch-der-zukunft

158 https://oecolution.at/erfolgsgeschichte/biogel-fur-den-boden

159 www.farm-ing.at

160 https://www.bayern-innovativ.de/de/seite/biooekonomie-ist-die-zukunft

161 https://vello.bike

162 https://radar.envisioning.io/wko/innovation/?pg=entity_ERrgSxungjTvNWpky

163 https://www.ise.fraunhofer.de/de/geschaeftsfelder/photovoltaik/photovoltaische-module-und-kraftwerke/integrierte-pv/fahrzeug-integrierte-photovoltaik.html

164 https://vorarlberg.orf.at/stories/3157407/

165 https://edition.cnn.com/travel/article/destinus-hypersonic-plane/index.html

166 https://www.baukarussell.at

167 https://radar.envisioning.io/wko/innovation/?pg=entity_mqWSdxNjYCx9muZYR

168 https://edition.cnn.com/style/article/australia-c6-worlds-tallest-wooden-building-intl-hnk/index.html

169 Tara Shirvani: *Plastikfresser und Turbobäume. Wie wir die Arktis retten, den Müll aus dem Meer holen, alle Tiere glücklich machen und den Rest auch noch glänzend hinbekommen.* Edition A, Wien 2023

170 https://radar.envisioning.io/wko/innovation/?lang=de&pg=entity_
tiSzsKcig9dyGgSTo
171 https://www.uni-graz.at/de/neuigkeiten/uni-graz-erhaelt-erstmals-
den-gruendungspreis-phoenix/
172 https://www.iea.org/reports/direct-air-capture-2022
173 https://ccca.ac.at/fileadmin/00_DokumenteHauptmenue/02_
Klimawissen/FactSheets/43_carbon_capture_202305.pdf
174 https://radar.envisioning.io/wko/innovation/?pg=entity_
DcZtqrQWGvaYXZ9Je
175 https://brutkasten.com/artikel/carbony-ffg-foerderung
176 Yuval Noah Harari: *Eine kurze Geschichte der Menschheit*, Pantheon,
München 2015, S. 414 f
177 https://www.wifo.ac.at/news/europas_regionen_haben_mehr_
potenzial
178 https://staatsrecht.univie.ac.at/fileadmin/user_upload/
i_staatsrecht/Piska/Publikationen/12-2021_Grundrecht_auf_Kli-
maschutz_Hands_off_.pdf
179 Ebd.
180 https://www.news.at/a/gruenes-wirtschaftswunder-13112713
181 https://www.ludwig-erhard.de/moralismus-ideologie-und-staat-
licher-dirigismus-bei-den-gruenen-das-beispiel-der-klimapolitik/
182 https://www.oeamtc.at/club/oeamtc-expertenbericht-mobilitaet-
klimaschutz-2030-25873728
183 https://www.faz.net/aktuell/wirtschaft/klima-nachhaltigkeit/
hans-werner-sinn-ein-plaedoyer-gegen-alleingaenge-in-der-
klimapolitik-19122767.html
184 https://www.cicero.de/wirtschaft/klimapolitik-industrie-emissi-
onshandel-CO_2
185 Ebd.
186 https://m.faz.net/aktuell/politik/inland/gastbeitrag-freiheit-
und-klimaschutz-miteinander-versoehnen-18921280.html
187 https://ecoaustria.ac.at/wp-content/uploads/2023/09/1_2023_
April_EcoAustria-PolicyNote_tech_klima_industrie_PN53.pdf

Die Autorin

Elisabeth Zehetner ist Gründerin und Geschäftsführerin der wirtschaftsnahen Klima-NGO »oecolution austria«. Davor war sie rund 20 Jahre in der Wirtschaftskammer Österreich tätig, unter anderem als Bundesgeschäftsführerin der Jungen Wirtschaft, des Gründerservice und von »Frau in der Wirtschaft«. Zuletzt leitete sie die Abteilung Zielgruppenmanagement.

Elisabeth Zehetner wurde 1977 in Oberösterreich geboren, maturierte in Linz und studierte an der Universität Wien. Sie lebt mit ihrer Tochter in Niederösterreich

oecolution

Kennen Sie schon
unseren Podcast?

*Wir tauschen uns mit Persönlichkeiten aus
Wirtschaft und Wissenschaft über Visionen,
Technologien und Lösungen aus, die unser
Klima schützen und den Menschen nützen.*

*Abonnieren Sie unseren
Podcast* **oeco? LOGISCH** *und
bleiben Sie top informiert.*

https://oecologisch.podigee.io

Cradle to Cradle Certified®
Products Program.

Cradle to Cradle Certified® Produkte sind ausgezeichnet
in den fünf kritischen Bereichen der Nachhaltigkeit:

Material:
Alle Materialien eines C2C-Produktes sind geprüft und erfüllen die
höchsten Umwelt- und Gesundheits-Standards.

Materialkreislauf:
C2C-Produkte können einfach und sicher wieder dem
Recycling-Kreislauf zugeführt werden.

Erneuerbare Energie und CO_2-Management:
Alle Fertigungsprozesse werden zu 100 % mit sauberer,
erneuerbarer Energie durchgeführt.

Wasser-Management:
Wasser, das an die ursprüngliche Quelle zurückgeben wird,
muss mindestens so sauber sein, wie es ursprünglich war.

Soziale Gerechtigkeit:
Hohe soziale Verantwortung gegenüber allen Mitarbeitern.